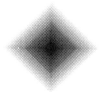

TOP MANAGER

12 réalités
incontournables
pour
une gestion supérieure

Les Éditions TRANSCONTINENTAL inc.
1100, boul. René-Lévesque Ouest
24ᵉ étage
Montréal (Québec) H3B 4X9
Tél.: (514) 392-9000
        1 800 361-5479

Données de catalogage avant publication (Canada)
Elfiky, Ibrahim (1950-   )

Top manager — 12 réalités incontournables pour une gestion supérieure
Collection *Les Affaires*
Traduction de *12 Keys to Highly Successful Managers*

ISBN 2-89472-014-9

1. Gestion. 2. Succès dans les affaires. 3. Changement organisationnel.
4. Efficacité organisationnelle. 5. Personnel - Direction. I. Titre.
II. Collection : Collection *Les Affaires* (Éditions Transcontinental).

HD31.E4314 1996   658   C96-940317-8

Traduction: Sylvie Lahaie

Révision bilingue: Thérèse Le Chevalier

Correction: Jacinthe Lesage, Monique Robillard

Photocomposition et mise en pages: Studio Andrée Robillard inc.

L'édition originale de cet ouvrage a été publiée par Cheops Internationale
Séminaires inc. (Montréal, Québec) sous le titre *12 Keys to Highly
Successful Managers* © Cheops Internationale Séminaires inc.

Dépôt légal – 1ᵉʳ trimestre 1996
Bibliothèque nationale du Québec
Bibliothèque nationale du Canada
ISBN 2-89472-014-9

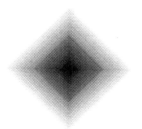

TOP MANAGER

12 réalités
incontournables
pour
une gestion supérieure

IBRAHIM ELFIKY

Traduit de l'anglais par
Sylvie Lahaie

Les Éditions
TRANSCONTINENTAL inc.

◆

Je dédie ce livre à tous ceux qui m'ont dit «NON».
Sans eux, je n'aurais jamais découvert mon véritable potentiel
et n'aurais jamais atteint la réussite.
À ma femme, Amal, et à mes merveilleuses jumelles,
Nancy et Nermine, à Dieu et à moi-même.

Qui est Ibrahim Elfiky ?

F ondateur et président de Cheops Internationale Séminaires inc. (CIS), Ibrahim Elfiky est l'auteur du best-seller *Top vendeur*, qui a été traduit en trois langues. Les stratégies et techniques contenues dans cet ouvrage sont enseignées au Collège Lasalle (Montréal) et à l'Institut d'hôtellerie du Québec.

M. Elfiky détient plusieurs diplômes et les plus hautes distinctions lui ont été décernées dans le domaine des ventes, du marketing, de la gestion et de l'hôtellerie. Docteur en métaphysique de la University of Metaphysics de Los Angeles et détenteur d'une maîtrise en hypnotisme (technique d'Erickson en programmation neurolinguistique) du New York Training Institute, il a également fait une maîtrise en programmation neurolinguistique avec le Dr. Grinder (de Grinder, DeLosier et Associates), cofondateur de cette discipline.
En outre, monsieur Elfiky a fait une maîtrise dans le domaine de la mémoire à l'American Memory Institute, ainsi que des études en gestion d'hôtel auprès de l'American Hotel and Motel Association (AHMA) dont il est Certified Hotel Administrator (CHA). Il s'est particulièrement distingué dans le domaine du marketing et des ventes auprès de l'AHMA et dans les ressources humaines. En 1990, le American National Home Study Council et l'AHMA lui ont décerné le Prix mondial des études à domicile.

Ibrahim Elfiky a commencé sa carrière comme plongeur dans un petit restaurant. Il a travaillé dans trois différentes régions du globe et est devenu l'un des meilleurs directeurs généraux de Montréal. Actuellement conférencier, auteur et conseiller en gestion, monsieur Elfiky enseigne en trois langues et a participé à diverses émissions de télévision au réseau TVA et sur les chaînes Quatre-Saisons et CFCF (Montréal). Il a fait la couverture du magazine *PME*, qui l'a présenté comme l'un des plus grands conférenciers de Montréal. Lors de ses séminaires destinés tant aux entreprises qu'aux particuliers, il s'est adressé à des milliers de personnes dans le monde entier. Ancien champion de ping-pong d'Égypte, Ibrahim Elfiky est ceinture noire de kung-fu (Kukso).

QUELQUES TÉMOIGNAGES SUR IBRAHIM ELFIKY ET SUR SES CONFÉRENCES

«Ibrahim Elfiky est remarquable. Ses cours constituent une expérience unique et inoubliable. Tout le monde devrait les suivre.»

Rose Sonazzo
AT&T Canada

«Les ateliers d'Ibrahim Elfiky mènent à la réussite.»

Colette Assaad
Bell Canada

«Je pense que les ateliers d'Ibrahim Elfiky sont très dynamiques et extraordinaires.»

André Dostie
Chrysler Canada

«Ibrahim Elfiky est vraiment exceptionnel. Ses ateliers sont excellents et très instructifs.»

Marcel Chénier
Pepsi-Cola

«Sans Ibrahim Elfiky, jamais notre congrès annuel n'aurait été une telle réussite !»
Bernard Thibault
Greater Montreal Real Estate Board

«La présentation fantastique d'Ibrahim Elfiky nous a tous incroyablement stimulés.»
Alain Gérard
TelRoute Communications

QUELQUES TÉMOIGNAGES SUR *TOP MANAGER*

«Les techniques sont faciles à maîtriser et donnent beaucoup de résultats.»
Fehim Sofraci
Vice-président, Holiday Inn Crowne Plaza

«Top manager est l'un des meilleurs ouvrages que j'aie jamais lus sur la gestion. Il apporte des réponses à toutes les questions que se pose un gestionnaire.»
Joseph Sidaros
Directeur régional, London Life Insurance Company

«J'ai enfin un vrai guide pour faire face à mes défis quotidiens ! Ce livre est très précieux.»

Régis Nadeau
Vice-président, Quality Hotel Dorval, Choice Hotels International

«Top manager est une étude exhaustive mais simple des qualités souvent recherchées qui font un excellent gestionnaire. En réalité 12 livres combinés en un seul, très fort, Top manager *reflète le dynamisme et la motivation que son auteur investit dans toutes ses réalisations.»*
Christian Homsy
Journaliste, *The Gazette*

REMERCIEMENTS

Fruit de plusieurs années d'expérience, d'études et de recherches, cet ouvrage est aussi le résultat d'un travail d'équipe remarquable. Ma reconnaissance va aux personnes dont la contribution et les encouragements en ont rendu la rédaction possible.

Je remercie tout spécialement Amal, ma conjointe et associée dans ce projet, pour son aide précieuse dans l'organisation de mes déplacements et des ateliers que j'ai animés. Sans son appui, je n'aurais pu mener à terme cet ouvrage.

À Pina De Fabrizio, mon assistante, pour son dévouement et la rigueur de son travail.

À tout le personnel des Éditions TRANSCONTINENTAL, qui m'a apporté son soutien durant la rédaction de ce livre, et particulièrement à Sylvain Bédard, pour ses encouragements constants et ses précieux conseils.

À Pol Mall pour les illustrations qui apportent une touche toute spéciale à ce livre.

À Régis Nadeau, mon meilleur ami, pour sa constante disponibilité.

À mon ami Fehim Sofraci, vice-président du Holiday Inn Crowne Plaza, au centre-ville de Montréal, pour son encouragement.

À mon ami Alain Laroche, conseiller municipal à la Ville de Verdun, pour ses constants encouragements.

À Joseph Sidaros, directeur régional à la London Life, pour la confiance qu'il m'a témoignée.

À David Meyers, directeur chez Sunlife Canada, à Toni Di Fruscio, directeur général chez Preston Phipps, à Benito Migliorati, président-directeur général de l'Hôtel Château Vaudreuil, et à Angèle Prévost, propriétaire et éditrice du journal *Première Édition*.

À tous les participants et participantes de mes ateliers.

À tous les gestionnaires et présidents-directeurs généraux pour leur collaboration par le biais des nombreuses entrevues qu'ils m'ont accordées.

Merci à tous ceux dont le travail a toujours été une source d'inspiration pour moi, particulièrement à Norman Vincent Peale, à Robert Schuller, à John Grinder et à Richard Bandler, fondateurs de la science de la programmation neurolinguistique, ainsi qu'à Deepak Chopra, Zig Ziglar et Brian Tracy.

Je remercie sincèrement tous mes lecteurs et lectrices.

NOTE DE L'ÉDITEUR

Indépendamment du genre grammatical,

les appellations qui s'appliquent à des personnes

visent autant les femmes que les hommes.

L'emploi du masculin a donc pour seul but

de faciliter la lecture de ce livre.

Table des matières

INTRODUCTION

Ce livre peut éclairer le chemin de votre réussite.

Croyez-vous que le monde sera quelque peu différent demain? Pensez-vous que de nouveaux concurrents puissants surpasseront certains de ceux qui existent aujourd'hui? Si vous répondez par l'affirmative à ces deux questions, alors vous êtes de ceux qui croient à l'importance d'une gestion qui s'adapte. Vous savez qu'on ne peut espérer réussir en conservant toujours les mêmes façons de penser et de gérer, en utilisant sans cesse les mêmes techniques de vente ou simplement en supervisant les activités des autres. Croire que l'on obtiendra des résultats différents en faisant toujours la même chose serait folie. Dans *Lead the Field*, Nightengale raconte l'histoire de l'homme qui, assis devant la cheminée, dit: «Donne-moi de la chaleur et je te donnerai du bois!» Son attente a été longue! Il avait oublié que tout résultat est le fruit d'un travail.

Quand j'ai commencé à rédiger mon livre, je me suis rendu compte, en interrogeant des gestionnaires de différents domaines, que certains d'entre eux pensent encore de cette manière. Ils sont surpris de ne pas obtenir de meilleurs résultats ou même de ne pas conserver leurs acquis.

Aujourd'hui, pour survivre dans un contexte où la concurrence est omniprésente et où la technologie évolue rapidement, il est crucial de maximiser son potentiel, d'acquérir de nouvelles compétences, de développer ses talents de leader, de motivateur et de formateur. De plus, vous devez apprendre à mieux gérer votre temps et à vous fixer des objectifs précis. Vous devez non seulement vous perfectionner sans cesse, mais également veiller au perfectionnement des autres membres de l'équipe.

La règle est simple: allez de l'avant ou coulez! Selon Tom Peters, «Il existe deux types de gestionnaires : ceux qui ont su s'adapter rapidement et ceux qui sont hors de la course.» Pour survivre dans le monde des affaires, il faut être rapide et créatif. De nombreux gestionnaires étaient de parfaits employés aux antécédents non moins excellents avant d'obtenir le titre de «gestionnaire». Mais ils n'étaient pas prêts à répondre aux exigences constantes et accablantes liées à ce titre.

Permettez-moi de vous raconter une histoire. Un jour, un chasseur loua dans un pavillon de chasse un chien qui lui porta chance. Le mois suivant, le chasseur voulut louer le même chien. Ne connaissant pas le nom du chien, il le décrivit au propriétaire du pavillon. «Oh! Vous voulez *Vendeur*, dit le propriétaire. Comme c'est un bon chien, nous avons monté son prix de location à 15 $ par jour.» Le chasseur paya le montant et, encore une fois, *Vendeur* lui porta chance. Un mois plus tard, le chasseur, qui retournait à la chasse, loua encore *Vendeur*. Le propriétaire lui dit que *Vendeur* s'appelait maintenant *Top vendeur* et qu'il coûtait 25 $ par jour. Le chasseur, connaissant la valeur de *Top vendeur*, paya le montant exigé. Une fois de plus, le chien lui porta chance. Le mois suivant, le chasseur voulut le louer de nouveau. Le propriétaire accueillit le chasseur et dit d'une voix quelque peu triste : «Malheureusement, vous ne pouvez louer votre chien préféré.» «Pourquoi ?» demanda le chasseur. «Parce que nous avons commis l'erreur de le nommer *Directeur des ventes* et maintenant, il se contente de s'asseoir et de japper», lui répondit le propriétaire.

Il existe malheureusement des gestionnaires qui gèrent de cette façon et pensent qu'ils obtiendront de meilleurs résultats !

Ce livre est en quelque sorte une conversation entre gestionnaires. Il représente le fruit de 25 ans d'expérience, de formation et de recherche. Il vous propose de nouvelles idées ainsi que les stratégies les plus récentes. Il est conçu pour vous aider à :

- trouver des solutions et des réponses aux défis de tous les jours ;
- découvrir une toute nouvelle façon d'être qui vous permettra de devenir un gestionnaire efficace ;
- élaborer votre programme personnel pour réussir ;
- acquérir de solides connaissances en gestion et à les assimiler facilement à votre propre style de gestion ;
- penser de façon plus créative et à devenir plus clairvoyant.

Ce livre vous apprendra également à :

- prendre des décisions sensées et judicieuses ;
- encourager votre entourage et vous-même ;
- gérer le changement ;
- maîtriser le stress ;
- devenir un leader expérimenté ;
- mettre sur pied une équipe de travail solide ;
- gérer votre temps mieux que jamais auparavant ;
- communiquer avec les gens, même les gens difficiles, avec assurance ;
- gérer les réunions de travail de façon à augmenter la productivité ;
- maîtriser l'art d'embaucher et de congédier ;
- déléguer d'une manière juste et intelligente ;
- ... et bien d'autres choses.

Mon but est de vous aider à découvrir les stratégies de gestion les plus importantes pour apprendre à composer avec l'incertitude et les problèmes qui ne peuvent être réglés simplement. Ce livre constitue un guide de gestion inestimable.

Dès le premier jour, fixez-vous les plus hauts défis. Traitez chaque défi comme s'il était le plus important. Lisez ce livre attentivement, prenez votre temps et relisez-le. Après tout, c'est votre livre. Norman Vincent Peale disait : «Tout problème renferme en lui-même le point de départ de ses propres solutions.» Cet ouvrage contient toutes les solutions dont vous avez besoin pour vous réaliser au maximun.

Maintenant, découvrons les 12 réalités auxquelles doit faire face le gestionnaire qui aspire au titre de top manager.

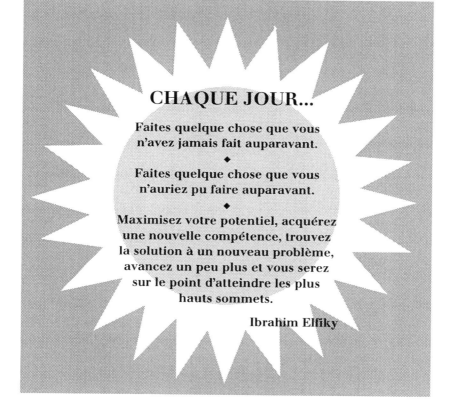

CHAQUE JOUR...

Faites quelque chose que vous n'avez jamais fait auparavant.

◆

Faites quelque chose que vous n'auriez pu faire auparavant.

◆

Maximisez votre potentiel, acquérez une nouvelle compétence, trouvez la solution à un nouveau problème, avancez un peu plus et vous serez sur le point d'atteindre les plus hauts sommets.

Ibrahim Elfiky

RÉALITÉ N° 1

LA DÉCISION

Le chemin
de la
réussite

«Le secret de la réussite réside dans la capacité de l'homme à saisir les occasions qui se présentent.»

Benjamin Disraéli

Le pouvoir de décision

«Je ne me décourage pas, car chaque essai qui s'est
soldé par un échec est un nouveau pas en avant.»

Thomas Edison

T homas Edison a échoué plusieurs milliers de fois avant de découvrir la lampe à incandescence. Henry Ford s'est totalement ruiné cinq fois avant de réussir avec le modèle T. Walt Disney a fait faillite six fois avant de mettre sur pied Disneyworld. Quant au colonel Sanders, il s'est heurté au refus de quelque 1007 restaurateurs avant que son poulet frit Kentucky ne soit accepté. Que possédaient en commun tous ces hommes? Ils s'engageaient et persévéraient. Mais d'où venait leur force? Tout a commencé par une décision. Ces hommes ont pris la décision de faire tout ce qu'il fallait pour réussir et ils ont trouvé la voie pour y parvenir. En fait, ils ont été les artisans de leur réussite. Comme l'a dit Hannibal: «Nous trouverons une voie ou nous en tracerons une.»

Qu'importe qui vous êtes et ce que vous faites, vous prenez sans cesse des décisions. Réfléchissez-y. Vous avez décidé vous-même de vous asseoir, de manger, de vous mouvoir, de lire ce livre, de vous plaindre ou de trouver des solutions, de fixer des objectifs, de gérer votre temps et de communiquer. Ces décisions peuvent avoir été prises consciemment ou non. Le fait de ne pas prendre de décision est aussi une décision.

Si prendre une décision est un acte si puissant et si important, si la décision est à la base de la gestion et constitue une partie essentielle de la vie, pourquoi est-ce si difficile? Pourquoi tout le monde ne prend-il pas de décision? Pourquoi prendre une décision pose-t-il un problème aux gens? La réponse, c'est la peur. La peur de l'échec! Parce que chaque décision prise comporte une part de risque. Ces risques pourraient se transformer en pertes. C'est pourquoi la peur de prendre de mauvaises décisions incite de nombreuses personnes à être passives et à ne pas exploiter leur potentiel. Mais Thomas Edison, Walt Disney, le colonel Sanders, Henry Ford et bien d'autres ont réussi parce qu'ils ont pris des décisions et s'y sont tenus.

Vous avez le pouvoir de changer les choses beaucoup plus que vous ne le pensez. Mais uniquement lorsque vous décidez par vous-même. Vous voulez une preuve? Essayez et vous le constaterez, car comme Publius Syrus l'a affirmé: «Personne ne connaît ses possibilités avant d'avoir essayé.»

Les gestionnaires font ce qu'ils peuvent pour éviter de prendre des décisions. Ils souhaitent qu'une autre personne les prenne à leur place. Ainsi, ils se sentent en sûreté. Ce dont ils ont besoin, c'est de développer les compétences et les stratégies qui les aideront à prendre des décisions éclairées.

Ce chapitre est conçu pour vous aider à développer votre faculté de prise de décision et à comprendre la portée réelle de vos décisions. Vous deviendrez ainsi un décideur éclairé.

2 Les 8 types de décideurs

«Il n'y a pas d'homme plus malheureux que celui
chez qui n'est habituelle que l'indécision.»

Williams James

Pour prendre de bonnes décisions, le premier pas à faire consiste à connaître votre style de prise de décision et à identifier celui des autres. Voici huit types de décideurs :

1. Le décideur qui prend des risques

Généralement impatient, il a une forte personnalité et aime prendre des risques. Être informé ne l'intéresse pas du tout et il prend rapidement des décisions qui peuvent décevoir.

2. Le décideur qui évite les problèmes

Il fait tout ce qui est possible pour éviter de prendre des décisions et préfère qu'une autre personne les prenne à sa place. Habituellement, la décision qu'il prend vise à éviter les problèmes. C'est le genre de personne qui accuse les autres (l'entreprise, le gouvernement) de l'obliger à prendre une décision.

3. Le décideur hésitant

En général, il a de la difficulté à se décider. Il prend une décision, puis change d'avis. Parce qu'il n'est pas sûr de lui dans sa prise de décision, plus rien n'est clair pour les membres de son personnel.

4. Le décideur logique

Il prend sa décision lorsqu'il a rassemblé tous les renseignements qu'il a pu trouver. Rassembler toute l'information peut lui prendre du temps et quelquefois il est trop tard pour prendre une décision.

5. Le décideur chercheur

Il est du type méfiant. Il recueille les éléments d'information pour lui-même et interroge le plus de gens possible. Il prend les décisions en fonction des renseignements qu'il a pu recueillir.

6. Le décideur émotif

Il se fie à son intuition. Il veille habituellement à ne pas blesser autrui. Il prend en considération l'opinion des gens, puis se sert de son jugement en se basant sur ses sentiments.

7. Le décideur démocrate

Il rassemble les membres de son équipe et leur demande leur opinion. Il prend sa décision lorsqu'il y a consensus au sein du groupe. Il est alors confronté au problème de la disponibilité. En effet, tout le personnel n'est pas nécessairement disponible pendant le processus de prise de décision.

8. Le décideur de dernière minute

Pour prendre une décision, il attend soit d'être à la dernière minute, soit de subir la pression, soit d'être acculé au pied du mur.

Où vous situez-vous parmi ces décideurs? Les gens qui participent à mes colloques me demandent: «Quel est le type de décideur idéal?» Et je réponds: «Il n'existe pas de décideur idéal.» Vous pouvez prendre un peu de chaque style et créer un style personnel qui convient à votre genre de gestion. Gardez le mot «souplesse» en mémoire et conformez-vous-y. Vous pouvez être démocrate et prendre vos décisions en groupe, mais parfois vous pouvez avoir besoin de recueillir plus d'information et agir de façon logique. En d'autres occasions, quand vous devez prendre une décision urgente, vous devez peut-être vous fier à votre intuition. La clé, c'est la souplesse du style.

3 Les 10 causes des mauvaises décisions

«Dans toute abondance, il y a un manque.»

Hippocrate

onnaître les raisons qui poussent les gens à prendre de mauvaises décisions vous aidera, dans une large mesure, à être mieux préparé à faire face à des situations similaires. Comme Virgile l'a dit: «Heureux qui a pu pénétrer les causes secrètes des choses.»

Voici les 10 raisons qui font que l'on prend de mauvaises décisions:

1. Le stress

Lorsqu'on subit un stress, on est prêt à accepter la première idée et à prendre une décision sans même explorer d'autres avenues. Parce que le stress trouble l'esprit et influe sur les émotions, on prend de mauvaises décisions.

2. La perception

Lorsqu'on souhaite qu'une chose corresponde à ce que l'on croit et non aux faits, on est tenté de rassembler les renseignements qui viendront étayer ces convictions et on prend une décision en conséquence. Ainsi, ne tenir compte que de son propre point de vue et de sa perception peut obscurcir le processus de prise de décision.

3. La peur

Si dans le passé on a pris une décision qui a entraîné un échec, il se peut qu'on soit hanté par la peur d'un nouvel échec lorsqu'on doit prendre une nouvelle décision. Cet échec est comme une tache ; on a peur d'être responsable d'un nouvel échec. Cette peur provoque en nous un sentiment d'insécurité ; on se sent alors inutile et prisonnier d'un état d'esprit négatif qui nous amène à prendre de mauvaises décisions. À ce propos, Francis Bacon a dit : «Rien n'est effrayant sauf la peur.»

4. La colère

La colère est l'un des principaux facteurs qui nous amènent à prendre une mauvaise décision. La décision est alors basée sur le sentiment qui nous anime et sur le désir de vengeance plutôt que sur les faits concrets. Par exemple, il se peut que, sous l'emprise de la colère, on congédie un bon employé et qu'on le regrette par la suite. Malheureusement, certains gestionnaires agissent ainsi lorsqu'ils sont en colère. Selon Horace, «La colère est une courte folie.» Vous devez apprendre à tempérer vos émotions avant d'agir...

5. Les facteurs externes

Des facteurs externes peuvent provoquer des blocages émotifs. Par exemple, le refus de la banque d'accorder un prêt important, la perte d'un client fidèle ou bien un supérieur qui adresse rarement un sourire sont des facteurs externes qui peuvent avoir une conséquence négative importante sur le processus de prise de décision.

6. La vision restreinte

Vous décidez de régler rapidement un problème qui se pose, mais la solution que vous proposez pourrait engendrer des problèmes plus graves dans l'avenir. Par exemple, un gestionnaire qui décide de couper complètement le budget publicitaire économise de l'argent à court terme, mais il perd une clientèle potentielle à long terme. Ainsi, des décisions rapides en guise de solutions rapides peuvent se révéler désastreuses et faire plus de tort que de bien à l'entreprise.

7. Le perfectionnisme

Vous êtes perfectionniste et voulez prendre les bonnes décisions. Vous cherchez et attendez d'avoir recueilli toute l'information possible. Vous perdez donc du temps et finalement vous prenez une mauvaise décision. Réunir les faits est une bonne chose, mais s'attarder aux moindres faits sans tenir compte du temps qui file peut provoquer un état de panique qui fait prendre de mauvaises décisions. À ce sujet, Publius Syrus avait déjà affirmé en son temps : «C'est lorsque nous nous arrêtons pour réfléchir que nous ratons souvent les bonnes occasions.»

8. La mauvaise évaluation de l'urgence d'une décision

Par exemple, vous devez réserver un espace publicitaire dans un journal, mais vous mettez de côté cette tâche en pensant que vous pouvez la faire à un autre moment. Finalement, lorsque vous téléphonez, on vous répond que la date de tombée est passée. En évaluant mal l'urgence d'une décision et en remettant celle-ci au lendemain, vous risquez d'être contraint de prendre une décision défavorable. Comme Confucius l'a dit : «Si l'homme n'accorde aucune pensée aux problèmes lointains, ces derniers lui causeront de l'inquiétude lorsqu'ils se seront rapprochés.»

9. La désorganisation et la confusion dans les priorités

Lorsqu'on est désorganisé ou qu'on effectue plusieurs tâches à la fois, on devient stressé et on perd le sens des priorités de telle sorte qu'on risque de prendre de mauvaises décisions.

10. La prise de décision basée uniquement sur l'opinion d'autrui

Le fait de prendre une décision en écoutant simplement ce que les gens racontent, sans tenir compte de tous les faits, peut conduire à de fausses suppositions, puis à de mauvaises décisions.

Telles sont les principales raisons qui amènent les gens à prendre de mauvaises décisions. Savoir ce que l'on ne doit pas faire aide à découvrir ce que l'on doit faire. Comme l'a dit Mencius : «L'homme doit avoir une opinion arrêtée de ce qu'il ne va pas faire, il sera alors en mesure de mettre toute son énergie dans ce qu'il doit faire.»

Les 10 commandements de la bonne décision

«Cherchez toujours le côté positif d'une situation négative.»

Anonyme

Maintenant que vous connaissez votre style de prise de décision et que vous connaissez les causes des mauvaises décisions, le moment est venu de vous munir d'outils efficaces qui vous permettront d'être en pleine possession de vos moyens et de prendre de bonnes décisions.

Voici les 10 commandements qui mènent aux bonnes décisions :

1. Prenez des décisions tous les jours et souvent.

Il faut s'habituer et s'exercer à prendre des décisions tout comme on doit faire travailler ses muscles. Prenez des décisions simples au début ; vous deviendrez un décideur aguerri et serez apte à prendre des décisions plus importantes.

2. Tirez des leçons de l'expérience.

Vous devez tirer parti des mauvaises décisions que vous avez prises et des erreurs que vous avez commises dans le passé tout comme vous profitez de vos réussites.

3. Demandez l'avis d'experts.

Recherchez l'aide d'experts que vous admirez et qui vous semblent avoir un bon jugement. Demandez-leur comment ils prennent leurs décisions. En fait, l'avis d'un expert constitue un atout important pour vous, mais il ne répond pas à tout.

4. Agissez comme si vous étiez une autre personne.

Regardez la situation avec les yeux d'une autre personne. Considérez-la sous un angle différent. Vous aurez ainsi le choix entre plusieurs solutions. Après tout, chaque problème peut être considéré selon trois points de vue: le vôtre, celui d'une autre personne... et le bon!

5. Restez impartial.

Évitez de tomber dans le piège de la partialité en basant votre jugement sur vos sentiments. Considérez les points de vue de tous et chacun de manière impartiale.

6. Ne laissez pas votre titre vous aveugler.

À cause de votre titre, vous croyez peut-être que votre jugement est le meilleur. Appuyez vos décisions sur des faits, et non sur votre titre ou sur celui des autres.

7. Agissez.

Lorsque vous avez pris une décision, assurez un suivi par des actes. Par exemple, vous décidez d'augmenter les ventes de 10 %. Faites un suivi de votre décision pour garantir votre réussite.

8. Faites preuve de souplesse.

Lorsque vous décidez de mettre un projet à exécution, préparez-vous à être souple au cas où des changements seraient nécessaires pour assurer votre réussite.

9. Évitez de généraliser.

L'utilisation de mots, tels que toujours, jamais, tout, tout le monde et tout le temps, sonne faux. Par exemple, si vous affirmez que vous prenez toujours soin de votre clientèle, vous pourriez être pris à partie parce que vous n'avez pas toujours le temps de le faire. Des clients en désaccord pourraient vous témoigner leur insatisfaction.

C'est la même chose lorsque vous dites que vous ne prenez jamais de décision tout seul ou que vous consultez toujours votre équipe. Ces assertions pourraient être contestées parce qu'il vous arrive de prendre des décisions seul. Pensez-y bien. Évitez de généraliser et soyez le plus précis possible lorsque vous prenez une décision.

10. Faites un suivi.

Le suivi peut assurer les assises d'une entreprise ou la détruire. Faites un suivi des décisions qui ont été prises. Veillez à ce que toutes les personnes concernées assument leurs responsabilités et que la marche à suivre soit respectée. N'oubliez pas que le suivi est aussi important que la décision elle-même.

Les décisions que vous prenez aujourd'hui sont garantes de la qualité de votre vie future ; la capacité de prendre de meilleures décisions vous assurera une vie meilleure. Alors commencez maintenant, prenez souvent des décisions. Au début, prenez des décisions simples ; en peu de temps, vous grimperez les échelons de la réussite et prendrez des décisions de plus en plus importantes.

5 Comment prendre des décisions en équipe

«Le travail en groupe n'élimine pas le travail individuel. Au contraire, il facilite la synergie des talents, des compétences et des expériences.»

Rémy Gagné
Jean-Louis Langevin

La prise de décision en équipe offre plusieurs avantages. Vous amenez votre équipe à partager autant les responsabilités que les mérites.

Voici comment prendre une décision en équipe :

1. Écrivez le sujet de la décision en expliquant la situation en détail.

2. Donnez-en une copie à tous les membres de l'équipe et assurez-vous que tous saisissent bien le problème.

3. Demandez à tous les membres de votre équipe de vous faire part de leurs points de vue sur la situation.

4. Résumez tous les points de vue.

5. Faites choisir par vote la solution la plus appropriée. Considérez les quatre questions suivantes :

   • Combien cela coûtera-t-il ?

   • Quelle est la pire chose qui pourrait se produire et, si elle survenait, que feriez-vous pour la surmonter ?

   • Quelle est la meilleure chose qui pourrait arriver et, dans ce cas, que feriez-vous pour la conserver ?

   • Quels sont les effets à court terme et à long terme de cette décision?

6. Demandez des volontaires et confiez-leur des responsabilités pour garantir la réussite.

7. Faites un suivi et évaluez les résultats. Comme l'a dit William James : «Lorsqu'une décision est prise et que son exécution est au programme, écartez toutes les responsabilités et ne vous souciez plus que des résultats.»

Prendre une décision en équipe donne à chacun des membres l'occasion de participer ; la décision repose alors sur une base solide qui permet d'assurer les résultats escomptés.

6 Comment prendre une décision rapide

«À moins d'essayer d'aller au-delà de ce que vous pouvez accomplir, jamais vous ne grandirez.»

Ronald E. Osborne

Il arrive que l'on doive faire face à certains problèmes qui ne peuvent être reportés et nécessitent une décision immédiate. En tant que décideur, vous devez être capable d'affronter ce genre de situation avec assurance et précision. Utilisez les techniques suivantes pour prendre facilement et avec assurance des décisions rapides.

1. La technique de Benjamin Franklin.

Quand Benjamin Franklin était confronté à des problèmes qui exigeaient une décision immédiate, il prenait une feuille blanche qu'il divisait en deux colonnes. D'un côté, il écrivait «pour» et de l'autre, «contre». Puis, il rentrait les points positifs dans la colonne du «pour» et les points négatifs dans celle du «contre». Il allait de l'avant ou non selon les résultats de chaque colonne.

Exemple :

POUR (points positifs)	CONTRE (points négatifs)
1.	
2.	
3.	
4.	
5.	
6.	
Total	

2. La restructuration.

La restructuration consiste à étudier un problème sous un angle différent afin de trouver les solutions qui apportent une contribution au processus décisionnel.

Exemples:

SITUATION	VISION SOUS UN ANGLE DIFFÉRENT (restructuration)
Investissement dans la rénovation.	Amélioration du service à la clientèle et création d'un milieu de travail plus intéressant.
Augmentation des frais de publicité.	Visibilité accrue et augmentation des ventes.
Augmentation des salaires.	Accroissement des profits grâce à l'embauche d'employés supplémentaires.
Congédiement d'un employé.	Contribution à la poursuite de sa carrière dans une autre entreprise.

La restructuration du problème vous donne plus d'un choix et plus d'un point de vue pour vous aider à prendre la décision appropriée.

Lorsque vous devez prendre une décision rapide, soyez plus conservateur et essayez de gagner le plus de temps possible.

7 Estime de soi et prise de décision

«La découverte la plus importante de ma génération, c'est que l'être humain peut changer sa vie en changeant son état d'esprit.»

William James

L'estime de soi influe directement sur chaque aspect de notre vie. Plus le degré d'estime de soi est élevé et plus on est en paix avec soi-même et meilleures seront les décisions que l'on prendra. L'estime de soi est la clé de la réussite et un élément important d'une vie heureuse. Mais qu'est-ce que l'estime de soi ? Comment peut-on l'améliorer ? Selon Nathaniel Branden, auteur du livre *How to Build your Self-Esteem,* «l'estime de soi est ce que l'on pense de soi et ce que l'on ressent. On a le sentiment d'être en paix avec soi-même.»

Certains disent que les bons sentiments sont à l'origine des bonnes décisions ! L'inverse est aussi vrai, les bonnes décisions apportent la sérénité. Les bons sentiments proviennent de la représentation intérieure que l'on a de soi. Au lieu de vous dire «Je n'arrive pas à prendre cette décision» ou «Je ne vaux rien quand il s'agit de prendre des décisions», abandonnez ce type de comportement négatif qui ne vous donne qu'un sentiment d'impuissance. Savez-vous combien de personnes ont échoué, combien d'entreprises ont fait faillite à cause des mots «ne pas pouvoir»? Alors, commencez dès aujourd'hui, chassez les mots «je ne peux pas» de votre vocabulaire et changez-les pour «je peux».

«Comparé à ce qui est en nous, ce qui est derrière nous et ce qui est devant nous n'est rien.»

Ralph Waldo Emerson

Comment développer l'estime de soi:

1. Portez attention aux messages que vous vous envoyez.

2. Répétez les phrases suivantes chaque jour et aussi souvent que vous le pouvez:

   - Chaque jour et en toute circonstance, j'ai de plus en plus d'estime pour moi-même.
   - Je m'apprécie et je m'aime de façon inconditionnelle.
   - Il m'est facile de prendre des décisions.
   - Je suis un excellent décideur.

3. Divisez votre âge par trois. Par exemple, si vous avez 45 ans, divisez 45 par 3, ce qui fait 15. Maintenant,

   - écrivez sur une feuille trois bonnes décisions que vous avez prises durant les 15 premières années de votre vie, comment elles ont amélioré votre vie et modifié vos sentiments;
   - répétez le même exercice pour la période de 15 à 30 ans;
   - faites-le également pour la période de 30 ans à 45 ans.

Vous vous trouvez maintenant devant neuf décisions qui ont fait de vous une personne forte et en pleine possession d'elle-même. Ces neuf décisions prouvent que, tout au long de votre vie, vous avez pris de bonnes décisions.

Lisez souvent ces neuf décisions et utilisez-les pour améliorer l'estime que vous avez de vous-même.

Commencez maintenant, croyez en vous et en votre potentiel de réussite. Soyez convaincu que vous êtes capable de prendre de grandes décisions. Comme l'a dit Og Mandino: «Faites toujours de votre mieux. Vous récolterez demain ce que vous semez aujourd'hui.» Quant à Norman Vincent Peale, il affirmait: «Modifiez vos pensées et vous changerez votre monde.»

8   La mise en pratique

«En vue d'atteindre l'excellence, le savoir ne suffit pas, mais nous devons tout faire pour l'acquérir et l'utiliser.»

Confucius

S avoir, c'est pouvoir! Ceci est particulièrement vrai aujourd'hui à l'ère de l'information. Mais il reste que la connaissance n'est que de l'information si elle n'est pas utilisée. Dans ce chapitre, je vous ai présenté tout ce que vous devez savoir pour prendre de bonnes décisions. J'espère que vous en tirerez profit et que vous saurez passer à l'action.

Aristote a dit: «L'homme est à l'origine de ses actes» et Thomas Huxley: «Le but ultime de la vie n'est pas la connaissance mais l'action.» Prenez le temps de mettre vos nouvelles connaissances en pratique et, dès maintenant, grimpez les échelons de la réussite.

1. Mettez par écrit trois décisions que vous reportez depuis quelque temps. Rédigez un plan d'action et fixez-en les délais.

DÉCISION	PLAN D'ACTION	DÉLAIS	RÉSULTATS
1.			
2.			
3.			

2. Vous pouvez maintenant mettre différentes choses en pratique : faire un appel téléphonique, convoquer une réunion, communiquer avec telle personne, envoyer une note. Ce que vous devez faire, c'est agir en allant jusqu'au bout.

Évidemment, vous prendrez parfois de mauvaises décisions, mais il est important de comprendre qu'il est normal de commettre des erreurs. Après tout, la réussite est le fruit de nombreuses erreurs. En fait, comme l'a dit Sigmund Freud : «D'une erreur à l'autre, on découvre toute la vérité.» Ce qui importe, c'est que vous appreniez, grâce à vos erreurs, à prendre de meilleures décisions dans l'avenir.

Osez décider maintenant et souvenez-vous de ce qu'a dit Helen Keller : «La vie est une aventure extraordinaire ou elle n'est rien du tout.» Toute grande réussite provient bien sûr d'une décision.

LA MOTIVATION

**La force
qui conduit l'être humain
vers l'excellence**

«Peu importe qui vous êtes ou ce que vous faites, tous vos actes découlent de votre motivation, que celle-ci soit positive ou négative.»

Ibrahim Elfiky

9 Qu'est-ce que la motivation?

«Dans la vie, la principale tâche de l'homme c'est
de se donner la vie.»

Erich Fromm

Sans motivation, nous n'avons pas le goût de faire quoi que ce soit. Connaissez-vous quelqu'un qui, selon vous, occupait un bon poste bien rémunéré et qui a démissionné par manque de motivation?

Lorsque vous êtes motivé, vous donnez votre plein rendement; mais lorsque vous ne l'êtes plus, votre rendement en souffre. Plus que jamais dans l'histoire de l'humanité, la motivation est devenue un sujet d'actualité. On a écrit des milliers de livres sur l'importance de la motivation. Davantage de gestionnaires s'intéressent à ce sujet et veulent apprendre à utiliser le pouvoir qui en découle pour amener leurs employés à atteindre les objectifs qu'ils ont fixés, de façon à obtenir de meilleurs résultats et ainsi augmenter les profits de l'entreprise.

Mais qu'est-ce que la motivation et d'où vient-elle? Le mot motivation vient d'un terme latin qui signifie *bouger*. Dans le *Petit Robert,* la motivation est définie comme suit: «Action des forces conscientes ou inconscientes qui déterminent le comportement.» Le mot motivation comprend les termes motif et action. C'est une action qui se justifie par un motif. Mais d'où vient la motivation?

Selon Denis Waitely, auteur du livre *The Psychology of Motivation,* la motivation vient du désir. Lorsqu'on désire très fortement atteindre un objectif précis ou si l'on est confronté à un défi et qu'on désire améliorer son sort, on est motivé. Plein d'énergie, on fait tout pour atteindre cet objectif, et ce, malgré les obstacles et les contretemps.

10 Le processus de motivation

> «La vie a ceci de particulier: si vous n'acceptez que
> le meilleur, c'est souvent ce que vous obtiendrez.»
>
> *Somerset Maugham*

Vous pouvez utiliser le pouvoir de la motivation pour réussir brillamment, mais il est d'abord nécessaire d'étudier tout ce qui a trait au processus de motivation.

1. Le désir

Tout découle d'un fort désir d'une vie meilleure.

2. L'imagination

Imaginez-vous en train de réaliser votre rêve et de le vivre.

3. L'autosuggestion

Parlez-vous de façon à vous donner du courage et à vous stimuler. Dites-vous continuellement «je peux le faire», jusqu'à ce que cela fasse partie de vous.

4. L'action

Mettez en pratique votre savoir et votre pouvoir. Soyez ce que vous voulez. Faites ce que vous voulez. Possédez ce que vous voulez.

Voici un exemple. Disons que vous rêvez de devenir le directeur général de votre entreprise. Fermez les yeux, et de la façon la plus convaincante, imaginez que vous êtes le directeur général. Puis, dites dix fois de suite «je peux le faire!» Ensuite, agissez en fonction de votre objectif: acquérez de nouvelles compétences, travaillez davantage, créez quelque chose. Peu importe ce que cela prend, poursuivez votre rêve jusqu'à sa réalisation. Comme l'a dit David Viscott : «Vous devez commencer à penser que vous êtes la personne que vous souhaitez être.»

11 Les trois types de motivation

«Les néophytes pensent qu'il existe de nombreuses possibilités, mais l'expert sait qu'il n' y en a que quelques-unes.»

Shunryu Suzuki

1. La motivation de survie (primaire)

Selon Abraham Maslow, «la plus importante motivation de l'homme est le besoin de survie.» Ce type de motivation couvre tous vos besoins vitaux tels que la nourriture, l'eau et l'air que vous respirez. Si l'un de ces besoins n'est pas satisfait, une pulsion monte en vous et stimule divers centres nerveux du cerveau. Comme les cellules nerveuses sont stimulées plus rapidement, vous devenez plus alerte physiquement et motivé à faire ce qu'il faut pour satisfaire ce besoin. Votre corps se remettra à fonctionner normalement seulement une fois ce besoin satisfait! Cela semble complexe? Voici un exemple: vous revenez à la maison après une dure et longue journée de travail. Vous êtes épuisé et n'avez pas d'énergie pour faire quoi que ce soit. Soudain, vous entendez quelqu'un crier «Au feu! Au feu!» et l'alarme d'incendie sonner et vous voyez des gens courir. Alors, que faites-vous? Vous courez comme tous les autres, bien sûr! Mais que vous est-il arrivé? La motivation primaire a fait surgir l'énergie nécessaire pour vous sauver.

Au cours d'un atelier que j'ai animé, quelqu'un m'a posé la question suivante: «Pensez-vous que la motivation primaire puisse amener une personne malade sortant tout juste de l'hôpital à bouger?» J'ai répondu: «Certainement! Croyez-moi, si vous lancez un gros chien furieux après une personne malade qui vient de recevoir son congé de l'hôpital, sa course sera digne des Jeux olympiques.» Peu importe le besoin insatisfait, lorsque la motivation primaire monte en vous, vous êtes plus créatif, plus alerte et plus motivé. Imaginez si ce type de motivation vous habitait tout le temps! Quelle force vous développeriez! Quels résultats vous pourriez obtenir!

2. La motivation extérieure

Elle provient d'encouragements, de discours, de livres, d'amis, de membres de la famille, d'un article de magazine, de votre patron et quelquefois des médias! Le problème de la motivation extérieure est son côté éphémère. Elle disparaît rapidement. Avez-vous participé à un colloque sur la motivation récemment? Si vous répondez par l'affirmative, quel était le degré de votre motivation une semaine après le colloque? un mois après? six mois après? et maintenant? Votre niveau de motivation a chuté!

Cela me mène à une autre question: si votre patron vous adresse son plus beau sourire, quelle influence aura ce sourire sur votre journée? Et inversement, s'il ne vous gratifie d'aucun sourire, d'aucun compliment, votre journée en sera-t-elle affectée? Je parie qu'elle le sera. Vos sentiments pourraient même être affectés durant une longue période. Malheureusement, l'être humain attend beaucoup de la motivation extérieure pour se sentir apprécié par ses supérieurs, ses amis, son conjoint, etc. William James a écrit: «Si vous attendez la reconnaissance des autres, vous serez amèrement déçu.»

Au cours de mes recherches, j'ai découvert que les compagnies d'assurance organisent un concours annuel pour leurs agents. La personne qui a le plus de ventes à son actif gagne un voyage pour deux, à destination d'une île magnifique, toutes dépenses payées.

Un agent qui vend habituellement en moyenne pour 2 000 $ de contrats d'assurance par semaine en vendra pour 3 000 $ par semaine durant le concours annuel, soit une augmentation de 50 %. Les agents mettent beaucoup d'efforts pour gagner le voyage. Mais après le concours, les ventes diminuent jusqu'à 1 500 $, soit une baisse de 50 %. Et peu de temps après le concours, un fort pourcentage d'agents démissionnent ou sont congédiés. Pourquoi? Ces agents vendent à la même clientèle, sur le même territoire, et travaillent pour la même entreprise, mais ils n'ont pas la même motivation! Ici apparaît le problème de la motivation extérieure : son effet s'estompe rapidement.

3. La motivation intérieure

Confucius a écrit : «L'homme supérieur cherche en lui-même alors que l'homme moyen essaie de trouver chez les autres.»

La motivation intérieure est de loin la plus puissante et la plus durable de toutes les motivations. À cause de sa nature, elle fait ressortir en vous des forces qui vous permettent d'accomplir de grandes choses. Il y a 2 000 ans, le philosophe Socrate a été le premier à parler de la loi de causalité. Aujourd'hui, les psychologues, lorsqu'ils y font référence, parlent de la loi de cause à effet. De toute cause découle un effet. Donc, si vous pouvez répéter la même cause, vous obtiendrez le même effet. Cela signifie qu'en répétant les mêmes causes de motivation, vous pouvez être motivé de façon constante.

La programmation neurolinguistique se base sur la présupposition suivante : «Chaque être humain possède, dans son passé, toutes les ressources dont il a besoin pour apporter des changements positifs.» Tentez l'expérience qui suit : fermez les yeux, respirez normalement et pensez à un moment de votre vie où vous étiez très motivé. Réfléchissez à un événement précis et vivez-le de nouveau comme s'il se déroulait en ce moment même. Respirez de la même façon, tenez-vous assis ou debout, dans la position où vous étiez à ce moment-là, laissez ressurgir les mêmes sentiments. Si vous avez fait cet exercice, vous devriez être très motivé en ce moment.

La motivation intérieure est évidemment un travail de l'intérieur. Nous devons être capables de nous motiver nous-mêmes pour que notre motivation vienne de l'intérieur, et non de tous les côtés. Comme l'a dit Mark Twain : «Si vous n'obtenez pas de compliment, payez-vous-en un.» Apprivoisez votre intérieur, laissez-le ressurgir, ressentez-le, sachez l'apprécier. Refaites cet exercice autant de fois qu'il vous plaira. Alexander Graham Bell a constaté : «Ce qu'est cette puissance, je ne peux le dire. Tout ce que je sais, c'est qu'elle existe et qu'elle est disponible seulement quand un homme est dans cet état d'esprit, état dans lequel il sait exactement ce qu'il veut et où il est déterminé à ne pas abandonner avant d'avoir trouvé.»

Vous avez à l'intérieur de vous-même le pouvoir de vous motiver. Tout ce qu'il vous reste à faire, c'est de vous souvenir d'un moment précis où vous étiez motivé et de le revivre intensément.

12 Les 10 facteurs de démotivation rapide du personnel

«À mesure que je vieillis, j'accorde moins d'attention aux paroles des hommes. Je porte seulement attention à ce qu'ils font.»

Andrew Carnegie

Certains gestionnaires croient encore que la peur est un bon motivateur, qu'elle permet d'accomplir des tâches plus rapidement et d'obtenir de meilleurs résultats. Malheureusement, ils sont dépassés! Bien sûr, l'autorité et l'utilisation de sanctions donneront des résultats, mais quel type de résultats? L'utilisation de la peur n'apportera que confusion et stress, et empêchera d'atteindre les objectifs.

Voici les 10 façons de démotiver rapidement votre personnel. Utilisez-les à vos risques!

1. L'instabilité

Apportez-vous souvent des changements dans la gestion de votre entreprise? Est-ce que votre entreprise passe sans arrêt d'une crise à l'autre? Change-t-elle souvent ses politiques? Y a-t-il une rotation du personnel? L'instabilité provoque un sentiment d'insécurité et entraîne un manque de motivation.

2. Les salaires insuffisants

Est-ce que vos employés sont rémunérés en fonction de leur valeur et du marché de l'emploi? Quand, pour la dernière fois, avez-vous accordé une augmentation de salaire? Des salaires peu élevés provoquent chez les employés une motivation primaire. Si jamais ils avaient l'occasion de partir, ils le feraient sans hésitation.

3. L'humiliation

Vous arrive-t-il de critiquer vos employés en présence d'autres employés ? Est-ce que vous les réprimandez en public ? L'humiliation est l'un des facteurs importants qui démotivent les employés.

4. Les faux espoirs

Avez-vous promis à un employé une promotion que vous n'avez pas accordée ? Avez-vous promis une gratification que vous n'avez jamais remise ? Réfléchissez ! Donner de faux espoirs constitue un des facteurs importants qui démotivent votre personnel et minent la confiance qu'il vous porte.

5. La routine

Vos employés exécutent-ils toujours les mêmes tâches, année après année ? Répétez-vous toujours les mêmes tâches ? Les gens ont besoin de changement et d'acquérir de nouvelles compétences. La routine mène à la «zone de confort indifférent» qui est elle-même une cause de démotivation.

6. Un produit de mauvaise qualité

Recevez-vous de nombreuses plaintes à propos de vos produits ? La clientèle blâme-t-elle vos employés pour la mauvaise qualité de vos produits ? Les employés doivent être fiers de ce qu'ils vendent et de l'entreprise pour laquelle ils travaillent. La mauvaise qualité des produits démotive les employés et entraîne du ressentiment.

7. Des objectifs contradictoires

Une journée, vous dites une chose, puis vous changez d'idée et vous dites autre chose ! Les objectifs contradictoires apportent de la confusion, minent la confiance et sèment le doute quant à la capacité de gestion, ce qui constitue un autre facteur de démotivation.

8. Le blâme

Vous arrive-t-il de jeter le blâme de vos échecs sur vos employés ? Blâmer les autres témoigne d'une gestion qui laisse à désirer et constitue un facteur de démotivation.

9. Le favoritisme

Traitez-vous vos employés avec équité ? Favorisez-vous un employé au détriment d'un autre ? Le favoritisme entretient et entretiendra toujours les potins au sein du personnel, et, de ce fait, est un facteur de démotivation.

10. L'attitude

Êtes-vous le genre de personne sévère qui ne sourit pas facilement ? Est-ce que vous félicitez les employés lorsque vous les rencontrez ? Votre attitude pourrait être le plus important facteur de démotivation chez vos employés. Votre manière de les traiter, de les regarder, de leur parler et de leur porter ou non attention pourrait seule être la cause de leur démotivation.

Évidemment, la liste pourrait s'allonger, mais ces 10 raisons sont les plus courantes et les plus dangereuses pour une entreprise. Avez-vous reconnu votre attitude dans un ou plusieurs de ces facteurs de démotivation ? Si la réponse est négative, je vous félicite ! Vous êtes en voie d'atteindre les hauts sommets. Mais si vous avez répondu par l'affirmative, commencez dès maintenant à effectuer des changements... oui, maintenant, le plus tôt sera le mieux.

Les 5 avantages de la motivation du personnel

«On dit qu'un employé est très motivé lorsqu'il *travaille fort* en vue d'atteindre *des objectifs appropriés,* et qu'il travaille *continuellement* de cette façon.»

Richard Pépin

Un jour, j'ai interrogé le directeur général d'une PME de textile sur la motivation du personnel. «Comment faites-vous pour motiver vos employés?» lui ai-je demandé. «Je les paie!» m'a-t-il répondu. J'ai souri et je lui ai demandé «Que faites-vous d'autre pour les motiver?» Il a répondu «Pourquoi dois-je motiver mes employés?» Et il a ajouté: «Savez-vous combien de personnes n'ont pas d'emploi? Je leur ai donné un travail et je les paie bien pour qu'ils fassent leur travail et qu'ils le fassent du mieux qu'ils le peuvent. Si je ne retire pas 100 % de mon investissement, je n'hésiterai pas une seconde à les remplacer par des personnes qui cherchent du travail.» Alors, je lui ai demandé: «Quel est le taux de rotation de votre personnel?» «63 %», a-t-il répondu, et il était surpris de cet état de fait.

Voici les 5 principaux avantages qu'apporte la motivation du personnel:

1. La faible rotation du personnel

Lorsque les employés sont motivés et appréciés, ils sont portés à rester dans l'entreprise même s'ils peuvent obtenir un salaire plus élevé ailleurs. Connaissez-vous quelqu'un qui a refusé un poste mieux rémunéré dans une autre entreprise parce qu'il se sentait plus heureux et plus lié au poste qu'il occupait? Bien sûr, l'argent constitue une motivation, mais si les gens ne sont pas motivés, ce n'est pas pour de l'argent qu'ils continueront à travailler pour vous.

2. Un taux d'absentéisme peu élevé

Parce qu'ils aiment leur travail, les employés évitent de s'absenter, même s'ils sont malades ! Je connais un directeur qui a subi une intervention mineure à un orteil et qui est retourné au travail sitôt la chirurgie terminée. Vous trouvez cela exagéré sans doute et peut-être avez-vous raison. Mais ce que je veux souligner, c'est que, lorsque les gens ont l'impression de travailler pour eux-mêmes, leur degré de motivation est très élevé. Ils sont dévoués à leur travail et ils n'arrivent que très rarement en retard, seulement en cas d'urgence.

3. Un meilleur comportement

Les employés semblent plus à l'aise dans un environnement de travail lorsqu'ils sont motivés. Ils se comportent mieux, ils sourient plus, ils s'apprécient davantage et cela transparaît dans leur comportement à l'égard de la clientèle et dans leur façon de communiquer entre eux.

4. La réalisation des objectifs

La motivation est une force vraiment puissante qui favorise l'action chez les gens et les amène à atteindre vos objectifs comme si ces derniers étaient les leurs. Ainsi, la motivation est un facteur important dans la réalisation des objectifs.

5. L'énergie

La motivation est la principale source d'énergie. Lorsqu'une personne est motivée, sa façon de se mouvoir est différente, elle respire mieux et a une démarche plus dynamique. En fait, la physiologie d'une personne motivée est plus énergique que celle d'une personne qui ne l'est pas. Avec toute cette énergie, les employés peuvent donner un meilleur rendement et contribuer à votre réussite. En fait, chaque effort que vous faites pour motiver vos troupes vous rapporte plus de profits et de résultats que vous ne l'auriez imaginé.

Les 20 trucs les plus efficaces pour motiver vos employés

«Le meilleur moyen de trouver ce qui motive les gens, c'est de le leur demander.»

Harold R. McAlindon

Les gens travaillent pour réussir, pour s'enrichir et pour être heureux. En tant que gestionnaire, vous devez trouver les moyens de rendre plus enrichissant le travail de vos employés. Il vous revient de développer les compétences qui mèneront vos employés à obtenir des résultats remarquables et d'excellentes performances. Votre rôle consiste à tirer le meilleur de vos employés et à leur donner un motif de prendre plaisir à travailler pour vous. Mais avant de mettre sur pied un programme de motivation, il faut tenir compte de deux éléments très importants: les employés doivent être prêts à donner 100 % d'eux-mêmes et être déjà en train de travailler et de produire. Comme l'a dit Denis Waitely: «Voici le plus important principe de gestion: vous pouvez accomplir des miracles en faisant confiance aux autres. Pour obtenir le meilleur des autres, pensez-en du bien et croyez en eux.»

Comment motiver ses employés? Comment provoquer en eux le dynamisme et l'énergie qui les mèneront à agir et à obtenir des résultats remarquables? Philip G. Zimbardo a écrit dans son livre *The Essentials of Psychology and Life*: «Les employés, dont les besoins vont en augmentant et qui sont également satisfaits du contexte relié à leur travail (salaire, travail, sécurité, collègues et supervision), contribuent à enrichir leur travail de façon positive.»

J'aimerais maintenant vous présenter les 20 trucs qui vous permettront de motiver vos employés :

1. Les louanges et la reconnaissance

Avez-vous remercié vos employés dernièrement? Selon Williams James, de l'Université Harvard, «le trait de caractère le plus profond de la nature humaine est son besoin viscéral d'être appréciée.» La reconnaissance est le plus puissant outil que vous puissiez utiliser pour motiver. La reconnaissance valorise l'employé, elle favorise sa confiance et son estime de lui dans son travail. Malheureusement, la plupart des gestionnaires n'en tiennent pas compte ou ne comprennent pas tout son potentiel. Il ressort d'une étude réalisée par Motivational System, une entreprise spécialisée dans la formation des cadres, que seulement 11 % des gestionnaires témoignent de la reconnaissance à leurs employés et les félicitent régulièrement. L'étude indique aussi que 27 % des employés seraient prêts à aller dans une autre entreprise qui ferait preuve de reconnaissance envers ses employés. La reconnaissance ne consiste pas seulement à faire venir la personne dans votre bureau pour lui serrer la main et la remercier. Pour que la reconnaissance porte fruit, vous devez respecter des règles précises. En voici quelques-unes:

a) Vous devez témoigner de la reconnaissance à votre employé «publiquement», c'est-à-dire en présence de ses collègues.

b) Faites-le dès que la tâche est accomplie.

c) Soyez sincère et précis dans vos compliments. Plutôt que de dire «Merci pour votre aide», mentionnez: «J'ai apprécié le fait que vous soyez resté tard hier pour me remettre le rapport à temps.»

d) N'exagérez pas.

e) Surtout, n'oubliez pas de le faire souvent.

Lorsque vous félicitez vos employés pour leurs efforts, non seulement vous donneront-ils un meilleur rendement, mais ils se sentiront bien dans leur peau et cela renforcera les sentiments positifs qu'ils éprouvent à votre égard. En retour, vous vous sentirez bien. Alors, commencez dès aujourd'hui. Prenez l'habitude de féliciter vos employés et de reconnaître leur travail, vous en serez grandement récompensé. Comme Socrate l'a dit: «Ira loin celui qui traite gentiment.» Souvenez-vous que vous pouvez tout déléguer, sauf la reconnaissance envers vos employés. Faites-le vous-même et faites-le quotidiennement.

2. La récompense

Outil de motivation durable et très puissant, la récompense pourrait prendre diverses formes, par exemple une épinglette soulignant l'excellence ou une plaque portant le nom de l'employé et résumant sa réalisation. Vous pouvez profiter d'une occasion spéciale pour remettre les récompenses à vos employés. Vous pouvez aussi renforcer l'effet que produit la récompense et surprendre vos employés en invitant leur famille à assister à cet événement important. Pouvez-vous imaginer ce que le fait de recevoir une récompense devant famille et amis représente pour votre employé ? Pouvez-vous imaginer combien il sera motivé ? Votre employé se sentira merveilleusement bien et vous sera reconnaissant. La famille parlera de l'événement à la maison et avec des amis. Donc, utilisez la récompense pour encourager votre personnel qui, en retour, vous encouragera.

3. Les concours

En faisant mes recherches, alors que j'interrogeais gestionnaires, vice-présidents, présidents-directeurs généraux et propriétaires d'entreprise, je me suis rendu compte que certaines entreprises utilisent les concours comme outil de motivation, concours dont le prix est un souper avec le directeur général, le vice-président ou le président de l'entreprise. J'aimerais vous poser une question. Est-ce que la perspective d'un souper avec le président vous motiverait à travailler plus fort ? Certains répondront peut-être oui ! Toutefois, mes recherches m'ont fait découvrir que les employés qui ont gagné un tel concours ont ressenti plus d'inquiétude qu'auparavant. La tenue à porter, ce qu'ils allaient dire ou manger et le comportement à adopter à table les inquiétaient. Ils avaient peur de dire des bêtises.

Pour que les concours soient un outil de motivation puissant, vous devez faire deux choses :

a) Demandez aux employés leur avis au sujet du prix. Il est important de connaître leur opinion pour savoir ce qui les motive vraiment.

b) Offrez un prix pour deux personnes. Si un voyage sur une île s'avère la récompense idéale, concevez le prix pour que l'employé récompensé puisse inviter la personne de son choix.

4. L'avancement

Les gens aiment la perspective d'avoir une promotion et un brillant avenir au sein d'une entreprise. Malheureusement, la plupart des gestionnaires embauchent quelqu'un de l'extérieur lorsqu'ils doivent combler un poste. Je ne vous suggère pas d'engager strictement des gens à l'intérieur de l'entreprise. Ce que je recommande, c'est de promouvoir en premier les personnes qui travaillent à l'intérieur de l'entreprise. Donnez aux membres de votre équipe la possibilité d'avancer. Lorsque les employés auront compris qu'ils peuvent grimper les échelons du pouvoir au sein de votre entreprise, ils seront motivés à travailler plus fort et à atteindre de meilleurs résultats. Par conséquent, avant d'engager des gens à l'extérieur de l'entreprise, regardez autour de vous. Commencez par promouvoir de l'intérieur, vous permettrez ainsi à vos employés de se sentir mieux. Ils apprécieront les efforts que vous faites pour les aider à se bâtir un avenir prometteur. Henry David Thoreau a écrit : «Si quelqu'un avance avec confiance dans le sens de ses rêves et fait tout pour vivre la vie qu'il s'est imaginée, il connaîtra une réussite impensable en temps normal.» Aidez les membres de votre équipe à avancer et à concrétiser leurs rêves, et votre réussite sera assurée.

5. La formation

La formation est l'un des outils de motivation les plus bénéfiques que vous puissiez utiliser. Plus que jamais, les entreprises croient qu'un programme de formation continue est nécessaire. En fait, la réussite future de votre entreprise dépend, en grande partie, de la manière dont vos employés s'acquittent de leurs tâches. Les employés mieux formés donnent un meilleur rendement et deviennent plus confiants en toute circonstance. Leur motivation augmente. Les avantages que vous et votre entreprise pouvez retirer de la formation des employés sont illimités. Encouragez ces derniers à écouter des cassettes audio, à lire des ouvrages spécialisés, à suivre des cours ou invitez un formateur spécialisé. Quoi que vous fassiez, les connaissances et la motivation des employés augmenteront, et vous obtiendrez de meilleurs résultats financiers.

6. La confiance

À ce propos, Lao-Tzu a remarqué : «On ne fait pas confiance à celui qui ne fait pas confiance aux autres.» Le gestionnaire qui n'a aucune confiance en ses employés, qui fait tout par lui-même, qui surveille ses employés et critique leur rendement se retrouve rapidement surchargé de travail et face à des employés démotivés. Si vous faites confiance à vos employés et leur laissez une liberté d'action, vous serez surpris par ce qu'ils peuvent accomplir. George S. Patton conseille : «Ne jamais dire aux gens comment faire les choses, leur dire simplement ce qu'ils ont à faire, ils surprendront par leur ingéniosité.»

7. Les objectifs

Dionn Piatt souligne : «Celui qui utilise l'intelligence des autres pour accomplir son travail est sage.» Fixer les objectifs de votre entreprise de concert avec vos employés présente plusieurs avantages. En plus de les motiver, vous les aidez à se concentrer sur leur travail et à trouver les moyens de réaliser les objectifs de votre entreprise. On a remarqué que les employés ayant des objectifs sont des employés plus motivés et plus performants.

Si vous souhaitez vraiment être un gestionnaire efficace et motiver vos employés à aller de l'avant selon l'orientation que vous avez choisie, vous devez apprendre à les faire participer à la définition des objectifs de l'entreprise. Demandez-leur de mettre clairement par écrit leurs objectifs ainsi que les délais de réalisation. Assurez-vous qu'ils comprennent bien cet exercice, puis rencontrez-les; leurs idées pourront vous servir dans ce que vous voulez faire et vous permettront de préciser la direction que vous voulez prendre et les moyens d'y parvenir. Selon Elbert Hubband, «le progrès vient de l'utilisation de l'expérience de façon intelligente.» En fixant les objectifs de votre entreprise en collaboration avec les membres de votre équipe qui vous font profiter de leur intelligence et de leur expérience, vous accomplirez de grandes choses. Je souligne, comme Robert Schuller l'a énoncé, que «les objectifs ne sont pas seulement nécessaires pour nous motiver, ils sont vraiment une raison de vivre.»

8. L'accomplissement

> «On peut voir dans vos accomplissements
> d'aujourd'hui l'essence des efforts que vous avez
> fournis dans le passé.»

Anonyme

Le fait d'accomplir des choses enrichit votre vie, celle de vos employés et votre entreprise. Cela prouve qu'avec vos employés vous avez tiré le meilleur de la combinaison des habiletés, des talents et de l'intelligence de chacun pour atteindre les objectifs fixés. De fait, l'accomplissement est la base de tous les facteurs de motivation. Il rehausse le degré d'estime qu'on a de soi et la représentation de la valeur de soi, il montre à tous ceux qui vous entourent que vous avez travaillé fort et que vous avez donné le meilleur de vous-même. L'accomplissement permet aux membres de votre équipe d'apprécier encore plus leur travail et de mieux s'apprécier eux-mêmes. Ils en sortent grandis et sont capables de se surpasser. Ainsi, lorsque vous planifiez les objectifs de votre entreprise, faites participer vos employés, assurez-vous que vos objectifs sont réalistes et donnez-leur les outils pour les réaliser. Vos efforts seront récompensés et, par le fait même, vos employés seront motivés durant le processus. Franklin Roosevelt a souligné : «Le bonheur découle de la joie de l'accomplissement et de l'émotion suscitée par les efforts faits pour y parvenir.»

9. La reconnaissance du mérite

Lors d'une étude effectuée dans cinq grands hôtels de Montréal, les questions suivantes ont été posées aux employés : «Honnêtement, travaillez-vous aussi fort que vous le pourriez ?» Quelque 72 % ont répondu négativement. Pourquoi ? «Parce que les mérites de notre travail acharné sont toujours attribués aux gérants et aux directeurs», ont-ils répondu. Reconnaître le mérite du travail bien fait motivera les employés et leur donnera l'énergie et le désir d'accomplir davantage. Il n'y a aucune limite à ce que vous pouvez réaliser si vous attribuez les honneurs à la personne qui le mérite. Vous obtiendrez ainsi la confiance de vos employés, et ces derniers auront plus confiance dans l'entreprise et resteront motivés. La justice pour tous et la reconnaissance d'un travail bien fait mènent à la réussite.

10. La prise de décision

La participation de vos employés au processus de prise de décision constitue un important facteur de motivation. Cela ne signifie pas que vous devez les faire participer à chaque décision puisque les hauts dirigeants et vous-même aurez à prendre seuls certaines décisions. Mais vous pouvez obtenir la collaboration de vos employés à un autre stade du processus de décision : au moment de la formation, de l'embauche de nouvelles personnes, du service à la clientèle, etc. Vous devez leur laisser assez de liberté pour qu'ils prennent des décisions et trouvent eux-mêmes les solutions à leurs problèmes sans aller vous consulter à tout instant. Laissez-les décider quant à la manière d'améliorer la communication, le rendement, la gestion du temps, etc.

En amenant les membres de votre personnel à participer au processus de prise de décision et en leur permettant de prendre leurs propres décisions, vous les motiverez, développerez leur confiance en eux et confirmerez leur appartenance à l'entreprise ; vous leur donnerez le pouvoir de se réaliser et leur permettrez de partager les responsabilités et d'aller de l'avant afin d'obtenir les résultats escomptés par l'entreprise.

11. La capacité de déléguer

Auteur de best-sellers, Stephen R. Covey a écrit dans son ouvrage *The Seven Habits of Highly Successful People* : «Savoir déléguer efficacement est peut-être l'activité qui exerce la plus grande influence.» Savoir déléguer offre de nombreux avantages : cela vous laisse plus de temps à consacrer à des tâches plus importantes ; cela vous permet d'aider vos employés à développer leurs habiletés et de les préparer à un éventuel avancement ; mais surtout, cela motive vos employés et leur permet de se sentir valorisés de sorte que l'estime qu'ils ont d'eux-mêmes augmente.

Apprenez à déléguer et faites-en une priorité. Dressez deux listes : la première doit comprendre toutes les activités que vous pouvez déléguer et la seconde, les noms des employés auxquels vous voulez déléguer des tâches ; associez ensuite l'activité à la personne appropriée. Commencez petit à petit en montrant aux employés comment vous voulez que l'activité soit exécutée, fixez un délai d'exécution et faites un suivi de la progression de leur travail.

12. Le développement personnel

Ralph W. Emerson a constaté : «Aucun homme ne peut sincère-ment essayer d'aider un autre homme sans s'aider lui-même ; c'est l'un des plus beaux équilibres de la vie.» Aider vos employés à se réaliser est une motivation très forte. Faites-les participer à des ateliers pour qu'ils acquièrent de nouvelles compétences, encouragez-les à poursuivre leurs études ou à obtenir un diplôme dans leur domaine. Si vous le pouvez, partagez les coûts. Ne laissez pas vos employés effectuer les mêmes tâches jour après jour jusqu'à ce que l'ennui s'installe et qu'ils se sentent vieillir à force de faire la même chose. Comme Napoléon Bonaparte l'a souligné : «L'art de gouverner consiste à ne pas laisser l'homme s'encroûter dans son travail.»

Les gens aiment constater qu'ils s'améliorent et se réalisent. Socrate l'a noté : «L'un aime améliorer sa terre, l'autre ses chevaux. Mon plaisir est de me voir me réaliser jour après jour.» En aidant vos employés à se réaliser, non seulement vous serez grandement motivé, mais vous profiterez des avantages liés à l'augmentation de leurs connaissances et vous vous sentirez bien. Zig Ziglar pourrait conclure : «Dans la vie, vous pourrez obtenir tout ce que vous voulez si vous aidez un peu les autres à obtenir ce qu'ils désirent.»

13. L'attitude

Selon W. Clement Stone, «Une petite différence distingue les gens, mais cette petite différence fait une grande différence. Cette petite différence est l'attitude. La grande différence, c'est qu'elle soit positive ou négative.» Un seul facteur fait que les employés restent motivés, c'est votre attitude, c'est-à-dire la manière dont vous parlez, écoutez, souriez, en bref vos actions et votre comportement. En tant que gestionnaire, vous êtes constamment sous un microscope, toujours analysé, jugé et critiqué. Votre attitude et l'intérêt que vous portez à vos employés et à votre entreprise comptent plus que tout le reste. Voici comment développer l'attitude qui peut motiver les membres de votre équipe et les maintenir motivés.

a) Ayez un sourire chaleureux. Un sourire vous rend plus sympathique. Cela vous détend, vos employés aussi. Emerson a écrit : «Lorsqu'une personne heureuse entre dans une pièce, c'est comme si une autre chandelle s'allumait.»

b) Écoutez vos employés. Zeno n'a pas tort de dire : «Si nous avons deux oreilles et une seule bouche, c'est pour mieux écouter et moins parler.» Écoutez vos employés, montrez de l'intérêt, posez-leur des questions, faites-leur sentir qu'ils sont importants. Les gens aiment ceux qui les écoutent. Alors, soyez patient et montrez-leur qu'ils ont toute votre attention.

c) Appelez vos employés par leur nom. Notre nom est le son le plus doux à notre oreille. La personne ressent un lien privilégié et se sent importante. Assurez-vous de bien retenir les noms et de bien les prononcer.

d) Assumez l'entière responsabilité de vos erreurs. Ne blâmez personne d'autre, surtout si vous décidez de déléguer certaines de vos tâches à vos employés. Tout travail comporte des erreurs. Ce qui est important, c'est d'assumer les responsabilités et de se consacrer à trouver des solutions.

e) Traitez tout le monde équitablement. Ne favorisez pas un employé plus que les autres. Ne laissez pas votre titre entraver vos relations avec vos employés. Dale Carnegie a bien recommandé : «Souvenez-vous que le bonheur ne dépend pas de ce que vous êtes ou de ce que vous avez. Il dépend uniquement de ce que vous pensez.»

Votre attitude contribue à motiver vos employés et vous permet d'affronter les défis avec une assurance totale. N'oubliez pas la remarque de Norman Vincent Peale : «Ce n'est pas tant la situation à laquelle nous sommes confrontés que l'attitude que nous avons à son égard qui est déterminante de la réussite ou de l'échec.»

14. Tenez vos employés au courant des changements.

Des changements surviennent constamment dans nos vies. Alors, quels que soient les changements prévus dans l'entreprise, tenez vos employés au courant. Les rumeurs sont ainsi évitées et vos employés se sentent motivés et rassurés parce qu'ils savent ce qui se passe et en connaissent les raisons.

15. Respectez l'emploi du temps des employés.

Malheureusement, la majorité des gestionnaires ne respectent pas l'emploi du temps des employés. S'il a besoin de rencontrer un employé, le gestionnaire lui demande habituellement de laisser son travail pour venir le voir ou il demande à l'employé de lui remettre immédiatement un rapport spécifique ! Le temps est l'un des principaux déterminants de l'estime de soi. Si vous ne respectez pas l'emploi du temps de vos employés, vous les démotivez automatiquement. Mais si vous montrez à vos employés que vous tenez compte de leur emploi du temps, vous les motivez, vous augmentez l'estime qu'ils ont d'eux-mêmes et vous leur enseignez la valeur du temps.

16. Intéressez-vous aux employés.

Découvrez ce qui les intéresse. Est-ce le sport ? Si c'est le cas, lequel ? Le hockey, le baseball, le soccer, le basketball ou le golf ? Trouvez un point commun entre vous et chacun de vos employés. Ce point commun pourrait être la formation, la lecture, un loisir comme la cuisine, la méditation, le yoga ou les voitures. Montrez à vos employés que vous vous préoccupez vraiment d'eux. Intéressez-vous également à leur famille. Si un employé a eu un bébé ou s'est marié récemment, vous pouvez vous servir de ces occasions pour le motiver. Vous montrer intéressé aux membres du personnel amène ces derniers à s'intéresser à vous et leur donne un sentiment d'appartenance.

17. Les cadeaux

Même s'ils sont peu coûteux, les cadeaux constituent une bonne motivation, à condition d'être adéquats. Le succès d'un cadeau dépend de son appréciation par les employés, et non de votre propre appréciation ! Donnez un cadeau qui reflète les intérêts de vos employés. Par exemple, si un de vos employés aime le hockey, pourquoi ne pas lui offrir deux billets pour le prochain match. Ce genre de cadeau le motivera et il en parlera à tout le monde.

18. Les anniversaires

Les anniversaires sont une excellente motivation. Pour souligner l'anniversaire d'un employé, il n'est pas nécessaire de le célébrer dans un hôtel chic ou dans une salle de réception ; un gâteau d'anniversaire fait très bien l'affaire. Invitez tous les employés du service et prenez quelques minutes pour célébrer. Offrez à votre employé une carte signée par tous les employés et les hauts dirigeants. Une telle attention vous rapportera beaucoup, car votre employé sera considérablement motivé.

19. Un bon produit

Un produit de mauvaise qualité entraîne de la frustation et occasionne des plaintes de la clientèle. Lorsque vous avez un bon produit, vos employés sont heureux de travailler dans votre entreprise et les vendeurs sont fiers de le vendre. Un produit de haute qualité est une excellente motivation.

20. Les défis

Donner à vos employés l'occasion d'apprendre à effectuer de nouvelles tâches ou d'atteindre de nouveaux objectifs les stimulera et les motivera à accomplir encore plus. Vous devez cependant leur présenter ces nouveaux défis positivement et il doit exister déjà un certain degré d'entente et de collaboration avec eux. Vous pourriez alors demander à votre équipe de vente d'augmenter les ventes de 10 % ou à votre service à la clientèle de réduire le nombre de plaintes de 10 %.

Avez-vous remarqué que je n'ai pas parlé d'argent ? Savez-vous pourquoi ? Une étude effectuée auprès de 200 employés provenant de 22 banques a révélé que l'augmentation de salaire se classe au neuvième rang des motivateurs. Ce n'est pas le premier motivateur. Classé dans la catégorie des motivations primaires, l'argent est un besoin dont le manque provoque le déséquilibre, la démotivation et la rotation du personnel. Mais cela ne signifie pas que si vous augmentez leur salaire, vos employés vont travailler plus fort.

Vous pourriez présenter les clients clés à vos employés, assurer la rotation des animateurs au cours des réunions ou leur suggérer des idées pour d'éventuels profits. Mettez-les au défi d'effectuer de nouvelles tâches et vous en retirerez le double d'avantages. Dans un premier temps, vous obtiendrez de meilleurs résultats et, dans un second temps, vous motiverez vos employés et ceux-ci deviendront plus sûrs d'eux-mêmes.

15   5 trucs pour vous motiver

«Il y a toujours une meilleure façon de faire,
trouvez-la.»

Thomas Edison

Motiver vos employés vous motivera par la même occasion.
Mais vous devez vous motiver pour être capable d'affronter
les défis quotidiens avec assurance et une totale maîtrise.
Voici cinq trucs qui peuvent vous motiver.

1. Avoir des objectifs précis.

Établir vos objectifs personnels avec un fort désir de les
réaliser vous motivera. Plus vous les réaliserez, plus vous serez
motivé. Commencez par dresser une liste de vos objectifs, soit
tout ce que vous désirez faire, obtenir ou devenir. Puis classez-
les par ordre de priorité et choisissez les trois plus importants,
ceux que vous désirez absolument réaliser. Déterminez des
délais pour chaque objectif et mettez en pratique le «concept du
centimètre», qui consiste à faire, chaque jour, quelque chose qui
vous rapproche un peu plus de votre but. Chaque soir, avant de
vous endormir, lisez vos objectifs et imaginez-vous en train de
les concrétiser. Le lendemain, au réveil, écrivez de nouveau vos
objectifs au temps présent. Par exemple, je pèse 80 kg, je gagne
100 000 $ par année, je suis le directeur général. Cela devrait
vous prendre cinq minutes; ensuite, imaginez-vous en train de
réaliser vos objectifs. Faites cet exercice tôt le matin et je vous
assure que vous augmenterez votre motivation et serez en voie
de réaliser vos rêves. Je conclurai sur cette pensée de Napoleon
Hill: «Tout ce que la conscience de l'homme peut concevoir,
l'homme peut le réaliser.»

2. Le développement personnel

Selon Ronald E. Osborne, «à moins d'essayer d'aller au-delà de ce que vous pouvez accomplir, jamais vous ne vous réaliserez.» Réfléchissez-y! Si vous exécutez toujours les mêmes tâches jour après jour, vous obtiendrez toujours les mêmes résultats. Laissez de côté votre confort et faites quelque chose de nouveau. Achetez de nouvelles cassettes audio, laissez-les dans votre voiture et écoutez-les chaque fois que vous allez quelque part. Accordez-vous 20 minutes par jour pour lire un livre ou un magazine. Acquérez de nouvelles compétences grâce à la formation continue et en participant à des congrès. Nous sommes à l'ère de l'information. Savoir, c'est pouvoir. Plus vous apprenez, plus vous avancez et mieux vous serez dans votre peau. Améliorez votre estime de vous-même et sachez vous valoriser. Vous serez alors considérablement motivé à vivre la vie que vous avez toujours voulu vivre. Vince Lombardi a écrit: «La qualité de vie d'une personne est directement proportionnelle à son engagement à réussir, indépendamment du domaine dans lequel elle a choisi de percer.»

3. Les loisirs

Qu'est-ce que vous aimez faire? Avez-vous un loisir ou vous intéressez-vous à quelque chose en particulier? Aimez-vous les sports, l'écriture, la cuisine ou le jogging? Quel que soit votre loisir, y consacrez-vous souvent du temps? Si vous le faites, continuez. Si vous n'avez aucun loisir, essayez d'en trouver un, car cette détente équilibre votre vie. Je connais plusieurs gestionnaires qui aiment jouer au tennis ou faire de la peinture une ou deux fois par semaine et qui attendent ce moment avec impatience. Un de mes amis aime jardiner et faire un peu d'exercice physique qui exige de la concentration. Quant à moi, j'aime faire la cuisine parce que cela me détend et me distrait de mon travail. Ne dites pas «je n'ai pas le temps» ou «pourquoi?» Essayez. Vous serez surpris de voir à quel point vous y prendrez plaisir et combien vous serez motivé.

N'oubliez pas les paroles qu'a prononcées Henry Ford: «Quiconque arrête d'apprendre devient vieux, que ce soit à 20 ans ou à 80 ans; celui qui continue d'apprendre reste jeune. La plus belle chose dans la vie, c'est de conserver un esprit jeune.»

4. Le cercle de l'excellence

La notion de l'excellence est, et sera toujours pour moi, l'une des plus puissantes motivations. C'est pour cela que j'ai créé le cercle de l'excellence. Pour ce faire, j'ai choisi parmi mes connaissances dix gestionnaires réputés pour leur réussite et leur esprit positif. Nous nous rencontrons tous les lundis matin de 7 h à 9 h. Après un petit déjeuner santé, nous discutons de nos défis. Chaque semaine, la rencontre porte sur la résolution d'un problème majeur. Nous mettons en commun toutes nos énergies jusqu'à ce que nous trouvions plusieurs solutions au problème. Ces rencontres sont très positives, agréables et fructueuses. Nous nous sommes rendu compte que chaque semaine nous apprenions quelque chose de nouveau. Vous pouvez créer votre propre cercle d'excellence. Dressez une liste de noms de gestionnaires qui n'entrent aucunement en compétition avec vous, appelez-les et faites-leur part de vos projets. Les résultats vous surprendront. En plus d'être motivé, vous agrandirez votre cercle d'amis et acquerrez de nouvelles compétences.

5. Le journal de votre réussite

Consignez dans un carnet toutes vos réalisations. Notez-les chaque jour, car vous accomplissez beaucoup de choses en une journée. Concentrez-vous sur ce que vous avez fait, et non sur ce que vous n'avez pas fait. Ne perdez pas de vue vos réussites. Notez-les chaque jour; elles attesteront de votre pouvoir, de vos talents et de vos réalisations. Lisez-les souvent et dites-vous : «Je l'ai fait! Je l'ai fait, et je peux le faire encore !» En peu de temps, votre journal de réussite deviendra un très bon ami.

Comme vous pouvez le voir, rien n'est impossible. Vous pouvez augmenter considérablement votre motivation. Tout ce dont vous avez vraiment besoin, c'est de le désirer et de vous engager à vous motiver quoi qu'il arrive. Je conclus avec George S. Patton : «Si un homme fait de son mieux, que peut-il y avoir d'autre?» Faites de votre mieux, il en résultera une plus grande motivation, plus d'énergie et une vie meilleure.

16 La motivation et la programmation neurolinguistique

«L'homme tient son bonheur entre ses propres mains.»

Francis Bacon

L a programmation neurolinguistique (PNL) a été créée en 1973 par deux docteurs en psychologie, John Grinder et Richard Bandler. La programmation neurolinguistique se fonde principalement sur le modèle de la réussite; autrement dit, elle énonce que, si vous suivez le modèle d'une personne qui réussit et faites exactement ce qu'elle fait, vous obtiendrez des résultats semblables aux siens. Depuis sa création, la programmation neurolinguistique s'est avérée très puissante. Elle a permis d'obtenir des résultats considérables, sur une période de temps étonnamment courte, dans le traitement des phobies, de la peur et des traumatismes. Elle a joué un rôle important dans la découverte des stratégies humaines et des raisons qui font qu'une personne passe d'un état de grande motivation un jour à un état de dépression le jour suivant. En mettant en pratique sa stratégie de motivation, une personne peut augmenter sa motivation de façon importante. Voici le modèle de motivation de la programmation neuro-linguistique qui peut vous motiver spontanément.

Vous souvenez-vous d'un moment de votre vie où vous étiez vraiment motivé? Est-ce que vous vous souvenez d'une expérience en particulier? Cela pourrait être n'importe quoi, comme le jour de la remise des diplômes ou lorsque vous avez reçu une promotion. Fermez les yeux et revivez une expérience pendant laquelle vous vous êtes senti tout à fait passionné, entièrement motivé et en pleine possession de vos moyens.

Revivez-la comme si elle existait en ce moment même. Imaginez tout ce dont vous êtes capable de vous souvenir, écoutez toutes les voix que vous pouvez entendre, ressentez ces sentiments. Portez attention à votre corps. Comment était votre respiration? Comment avez-vous bougé? Qu'est-ce que vous vous êtes dit?

Lorsque vous êtes plongé dans l'expérience, fermez le poing droit et transmettez à votre subconscient le message de respirer de la même manière chaque fois que vous serrez le poing, de ressentir les mêmes émotions et de vivre cette expérience de façon réelle. Maintenant, desserrez votre poing et touchez-le. Qu'arrive-t-il? Si vous êtes relié à votre motivation, la programmation neurolinguistique fonctionne. Sinon, revivez l'expérience de façon encore plus vivante et serrez le poing.

Simplifions les choses. Voici une autre façon d'y parvenir.

1. La respiration

D'un seul coup, inspirez de façon à remplir vos poumons d'air, puis expirez en quatre coups comme si vous vouliez éteindre une chandelle. Faites cet exercice cinq fois.

2. La visualisation

Imaginez-vous comme une personne très motivée. Ayez l'air le plus motivé, comme si rien ne pouvait vous arrêter.

3. La physiologie

Tenez-vous debout ou asseyez-vous, les épaules droites et la tête haute.

4. L'affirmation

Répétez-vous «Je peux le faire» cinq fois. Ensuite, dites-le très fort cinq fois.

5. La combinaison des sens

Faites comme si vos assertions étaient réelles. Ressentez-les avec tous vos sens.

6. Le lien

Maintenant, touchez votre poing (le lien), détendez-le et touchez-le de nouveau. Répétez cet exercice autant de fois que vous le pouvez, jusqu'à ce que cela fasse partie de vous. À partir de maintenant, tout ce que vous avez à faire, c'est de toucher votre poing afin de vous sentir puissant.

Vous avez maintenant à votre disposition les principes de motivation les plus complets et les plus récents pour votre entourage et pour vous-même. Après avoir lu ce chapitre, relisez-le encore. Puis commencez à mettre en pratique le concept. À ce sujet, Conrad Hilton a écrit: «La réussite semble liée à l'action. Les hommes qui réussissent agissent constamment, ils commettent des erreurs, mais ils n'abandonnent pas.» Alors, n'abandonnez pas, allez de l'avant parce que les récompenses seront formidables. Comme l'a dit John D. Rockefeller: «Pour toute réussite, je crois qu'il n'y a pas de qualité aussi cruciale que la persévérance. Elle vient à bout de presque toute chose, même de la nature.»

◆

Tirez tous les avantages
de ces stratégies
et agissez dès aujourd'hui!

◆

RÉALITÉ N° 3

LE CHANGEMENT

Une réalité
de
l'existence

«Ne pas pouvoir marcher vers l'excellence,
ne pas transmettre tout ce que j'ai étudié,
apprendre ce qui doit être fait
mais être incapable de changer,
être incapable de corriger mes lacunes.
Telles sont mes inquiétudes.»

Confucius

17 Le bien-être de la routine

«L'homme a le droit de risquer sa vie pour la sauver.»

Jean-Jacques Rousseau

L e changement est une réalité de l'existence. Grâce au changement, nous nous réalisons et atteignons de nouveaux sommets. C'est le changement qui donne aux entreprises leur dynamisme; il est l'élément clé de la réussite. Si le changement est aussi important et puissant, pourquoi les gens n'y sont-ils pas plus réceptifs? Pourquoi la plupart des gestionnaires sont-ils sur la défensive? Pourquoi réagissent-ils de façon négative lorsqu'on leur parle de changement? Pourquoi le grand philosophe Horace a-t-il écrit: «Si vous voulez vous faire des ennemis, essayez de changer quelque chose»?

La réponse est: «la peur». La peur de l'inconnu, la peur de l'échec, la peur de prendre des risques. Par sa nature, l'être humain aime la régularité, le bien-être et la sécurité. Certaines personnes acceptent le changement, mais la plupart y résistent parce qu'il les oblige à quitter le confort de la routine, à prendre des risques. Elles font les choses de la même manière depuis longtemps et, confrontées au changement, elles ressentent un malaise, car elles doivent alors prendre des risques. La majorité des gens préfèrent ne pas modifier leur façon de vivre, de travailler, de gérer, etc. Éviter à tout prix de faire face au changement ou de prendre quelque risque que ce soit, voilà ce que font la plupart des gens.

Toutefois, le changement fait partie de la vie, que cela nous plaise ou non. Regardez autour de vous et vous vous rendrez compte que tout change constamment. Ainsi les saisons changent, le temps aussi. Vous-même, vous avez changé au cours des années : vos goûts se sont modifiés, vos besoins et vos désirs aussi. Votre travail est aussi le fruit du changement. Pensez aux changements technologiques qui se sont produits dans votre milieu de travail. Vous utilisez maintenant un télécopieur, un photocopieur, un ordinateur, un système téléphonique plus complexe. Et que dire de la médecine ? Plus que jamais auparavant, de nouveaux traitements sont mis au point. Notre survie dépend du changement.

> «Vous devenez plus fort, plus courageux et plus assuré à mesure que vous faites face à la peur. Vous êtes capable de vous dire "J'ai traversé cette épreuve difficile, alors je peux traverser toutes celles qui viendront." Si vous vous croyez incapable de faire une chose, faites-la.»
>
> *Eleonor Roosevelt*

La seule chose qui sépare les gestionnaires de haut niveau et les gestionnaires moyens, c'est la capacité des premiers à faire face au changement. Les gestionnaires qui réussissent sont ceux qui provoquent le changement, qui ne cherchent pas à l'éviter ou à s'y résigner. Les Japonais ont perdu la Deuxième Guerre mondiale et sont pourtant devenus l'une des nations les plus riches du monde. Ils sont maintenant les leaders dans plusieurs marchés. Nous sommes à l'ère de la technologie. Les changements technologiques sont plus nombreux et s'effectuent de façon plus rapide que jamais. Si nous ne les suivons pas maintenant, nous serons inévitablement dépassés. Nous devons être plus rapides, plus souples et plus à l'affût que jamais pour nous adapter à tous les bouleversements du monde des affaires. Nous devons prendre plus de risques, tirer des leçons de nos expériences et de celles des autres et rectifier au besoin nos objectifs pour atteindre les résultats souhaités. Robert Gorveta, président-directeur général de Coca-Cola, a dit un jour : «Si vous prenez des risques, vous pouvez échouer, mais si vous n'en prenez aucun, alors vous allez sûrement échouer, car le plus grand risque est encore de ne rien tenter.»

Ce chapitre vous propose des moyens d'affronter le changement, de vous y adapter et de reconnaître ses bienfaits. Ils vous apprendront à provoquer le changement. Plus vous apprendrez à vous familiariser avec le changement, plus vous y serez réceptif. Il fera partie de votre quotidien. En apprenant à maîtriser le changement, vous réussirez, deviendrez plus créatif et même plus riche.

18 Les 5 causes de l'horreur du changement

«Tout est éphémère, excepté le changement.»

Héraclite

L es gens n'aiment pas le changement; pour différentes raisons, ils se sentent mal à l'aise lorsqu'ils y sont confrontés. L'attitude que nous avons face au changement provient de la manière dont nous avons été éduqués et de la façon dont nos parents réagissaient face au changement. Par exemple, si une personne grandit dans un environnement ouvert au changement, elle y sera réceptive. Au contraire, une personne éduquée au sein d'une famille où tout est immuable se sentira démunie lorsqu'elle sera confrontée au changement. Nos valeurs et nos croyances font que nous acceptons ou non le changement.

Lors d'une interview, un gestionnaire m'a confié qu'il pouvait supporter le changement, mais qu'il se sentait encore mal à l'aise et qu'il souffrait d'insécurité face au changement. Quand je lui ai demandé pourquoi, il m'a répondu: «J'ai grandi dans un milieu modeste. Mon père a travaillé fort toute sa vie pour la même entreprise. Il n'a jamais changé d'emploi et m'a toujours mis en garde contre les risques. Son proverbe préféré était le proverbe égyptien: "Un oiseau dans une main vaut mieux que dix oiseaux dans un arbre." Il a vécu ainsi jour après jour jusqu'à ce qu'il nous quitte à l'âge de 63 ans. Maintenant, lorsque je dois faire face à un changement, les paroles de mon père résonnent à mes oreilles. J'essaie alors d'éviter le changement.»

Nos valeurs et nos croyances influent sur notre comportement face au changement. Pour être plus précis, voici les raisons les plus courantes qui font que les gestionnaires détestent le changement :

1. Le doute

Le gestionnaire prévoit la perte qui pourrait survenir à cause du changement et oppose des arguments du genre «Ça ne fonctionnera pas» ou «Nous l'avons déjà essayé». Pour semer le doute dans votre esprit, il donnera des exemples pour vous montrer que le changement n'apportera rien.

2. Le risque

L'accent est mis sur la perte de temps et d'argent qui pourrait résulter des changements. Par exemple, ajouter trois territoires exige trois vendeurs à un salaire de 25 000 $ par année et le profit potentiel est de 150 000 $ pour chacun. Mais le gestionnaire considère le risque lié à l'investissement plutôt que celui que représente l'absence d'investissement. Comme l'a dit John F. Kennedy : «Toute action comporte des risques et des coûts, mais ces derniers sont bien inférieurs à la longue succession de risques et de coûts d'une action jugée sans risque.»

3. L'habitude

Dans ce milieu de travail, on entend souvent «C'est de cette manière que nous faisons les choses ici. Nous ne pouvons pas changer comme ça !» ou «Cela fait vingt ans que nous sommes en affaires et que nous faisons les choses de cette façon et maintenant vous voulez nous faire changer ?» ou «Les ordinateurs, c'est bon pour les paresseux. Ici, nous savons faire rouler notre entreprise sans ordinateurs !» Le gestionnaire, ou le propriétaire, préfère se sentir à l'aise et en sécurité en faisant les mêmes choses, et se demande pourquoi il n'obtient pas les mêmes résultats qu'auparavant. Comme l'a dit Ovide : «Rien n'est plus fort que l'habitude.»

4. La peur

Il est normal de ressentir de la peur. Quelquefois, il est même bon d'avoir peur, mais si la peur nous empêche d'utiliser notre plein potentiel, nous devons l'affronter et la surmonter. Un gestionnaire qui a peur ne voudra pas accepter le changement. Il fera tout ce qui est en son pouvoir pour l'éviter. Il refusera d'acheter un nouvel appareil ou d'apporter des changements, à moins que ces derniers ne lui permettent d'éviter une perte de profits.

5. La désapprobation du milieu

Le gestionnaire déteste le changement parce qu'il a peur d'avoir l'air ridicule et d'être critiqué par les autres. Il aime avoir l'approbation générale avant d'apporter des changements. Pour ce type de gestionnaire, ce que les autres pensent de lui est très important. S'il remarque deux personnes en train de discuter, il pense aussitôt qu'elles parlent de lui ou contre lui.

> «Celui qui dit qu'une chose ne peut être réalisée est souvent interrompu par un autre qui la réalise.»
>
> *Emerson*

Vous souvenez-vous de la marque de la caisse enregistreuse la plus populaire dans les années 1960 et 1970? C'est NCR. Pensez-vous que cette entreprise occupe toujours la première place sur le marché? Non, càr elle n'a pas accepté le changement technologique des caisses enregistreuses électroniques, et une autre entreprise s'est lancée dans l'aventure et s'est élevée au premier rang.

Que dire maintenant du domaine de la micro-informatique? Si l'on retourne quelques années en arrière, une entreprise pouvait être au sommet durant toute une année avant d'être talonnée par une autre. Aujourd'hui, l'apparition d'une idée n'est qu'une question de jours. En fait, aucune entreprise ne peut plus occuper très longtemps la place de leader dans un marché donné, à moins d'apporter continuellement des changements et des améliorations.

Pensez à la concurrence que se livrent les constructeurs d'automobiles ou les entreprises de boissons gazeuses. C'est une bataille sans fin. Ces entreprises sont devenues très puissantes parce qu'elles ont accepté les risques et qu'elles ont su s'adapter au changement. Elles ont commis des erreurs, puis ont modifié leurs stratégies pour atteindre leurs objectifs.

19 Comment provoquer le changement — les 5 principes

«Ce que l'homme a fait, il peut le changer.»

Frederick Moore Venison

V oici quelques conseils qui vous aideront à accepter le changement et à le souhaiter.

1. Faites du changement une manière de vivre pour vous et pour votre équipe.

Tous les jours, parlez du changement, envoyez des notes encourageant les membres de votre équipe à faire preuve de créativité, publiez des bulletins d'information mensuels ou hebdomadaires. Vous préparerez ainsi votre équipe à s'adapter au changement. Le moment venu, le changement s'effectuera comme un processus normal et vous ne souffrirez pas du syndrome de l'angoisse du changement.

2. Donnez un sentiment de liberté à votre équipe.

Ne vous laissez pas piéger par des procédures et des politiques complexes. Permettez à votre équipe d'apporter des changements nécessaires. Je connais un directeur général qui ne pouvait pas repeindre le hall de son hôtel sans avoir reçu l'approbation de cinq personnes. Il a finalement reçu les approbations après neuf mois. Mais durant cette période, le taux d'occupation avait chuté de 7 % et il a continué de chuter jusqu'à ce que les hauts dirigeants décident de rénover l'hôtel au complet à un coût dépassant les trois millions de dollars. Malheureusement, d'autres hôtels ont tiré profit de cette situation et aujourd'hui l'hôtel en question est fermé. Ne vous laissez pas prendre au piège par des politiques complexes. Accordez la liberté d'action aux membres de votre équipe.

3. Déplacez régulièrement les membres du personnel.

Dans la pratique, lorsqu'une personne est embauchée, son taux de productivité est de 60 % au cours de la première année. Durant la deuxième année, le taux grimpe à 70 %, pour osciller entre 80 et 85 % dans la troisième année. Mais après dix ans, le taux de productivité tombe à 30 %. C'est le principe de Peter, principe selon lequel toute personne atteint son propre niveau d'incompétence. Pour contrecarrer cette baisse de productivité, il faut déplacer l'employé à l'intérieur de l'entreprise.

Lorsqu'on me demande quel est le bon moment pour changer d'emploi, je réponds :

- Quand vous pouvez répondre à toutes les questions et résoudre tous les problèmes sans que cela ne représente plus de défi.

- Lorsque vous critiquez de plus en plus l'organisation.

- Lorsque vous avez de la difficulté à vous tirer du lit pour aller travailler.

- Quand vous souhaitez être ailleurs à faire autre chose que votre travail.

- Quand vous arrêtez de chanter sous la douche et que l'idée d'aller travailler vous fait horreur.

Si vous présentez ces symptômes, c'est le moment de changer, sinon vous vous retrouverez changé !

Dans toutes les entreprises où j'ai été gestionnaire, j'ai intégré le déplacement dans la culture d'entreprise. Par exemple, dans le domaine du tourisme, une réceptionniste a tour à tour occupé les postes de standardiste, de vérificatrice de nuit, de premier commis de bureau et de femme de chambre. Une fois l'expérience acquise dans ce service, nous l'avons formée pour travailler au bar, au restaurant, à la cuisine, etc. Ce genre de déplacement permet à l'employé de développer sa capacité d'adaptation et de faire face au changement.

4. Déplacez les objets qui vous entourent.

De temps en temps, changez les classeurs de place, déplacez le mobilier de votre bureau, changez régulièrement la façon d'écrire vos notes. Tout changement, si minime soit-il, fait une différence.

5. Changez la façon de faire vos réunions.

Laissez un membre de votre équipe commencer la réunion ou tenez celle-ci dans un endroit différent.

C'est simple. Apportez des petits changements chaque jour et vous ferez face plus facilement aux plus gros changements. Je laisse à George Bernard Shaw le soin de conclure : «Le progrès est impossible sans le changement; ceux qui ne peuvent changer d'idée ne pourront changer quoi que ce soit.»

Comment vendre l'idée du changement à votre équipe

«La résistance des hommes et des choses est à la mesure de l'ampleur du changement qu'on cherche à apporter.»

Jean Monnet

1. Élaborez une planification détaillée.
2. Établissez un échéancier pour mettre en oeuvre cette planification.
3. Expliquez la planification par écrit d'une façon claire et compréhensible.
4. Expliquez-la d'une façon positive.
5. Expliquez en détail le changement et ce qu'il apportera à l'entreprise.
6. Donnez une copie de la planification à chaque personne.
7. Prévoyez les objections et soyez prêt à y répondre avec assurance.
8. Préparez-vous aux réactions. Certaines personnes peuvent être réceptives au changement, d'autres peuvent se révéler plus conservatrices, tandis que d'autres y seront réfractaires. Soyez à l'affût de ces types de comportements parmi les membres de votre équipe.
9. Soyez présent et rendez-vous utile. Montrez à vos employés que vous vous intéressez à ce qui se passe.
10. Prenez l'entière responsabilité des résultats.
11. Commencez petit à petit et effectuez un suivi.
12. Faites preuve de souplesse, rectifiez votre stratégie jusqu'à ce que vous réussissiez.

Vous pouvez constater qu'il est avantageux de prendre des risques en affaires. J'ai débuté comme plongeur, puis je suis devenu serveur au service aux chambres dans un hôtel; je réussissais et gagnais beaucoup d'argent. Malgré les objections de mon entourage, j'ai décidé de changer d'emploi pour pouvoir atteindre mon but, celui de devenir directeur général. J'ai réussi. Je gagnais un salaire élevé à ce poste, mais j'ai décidé encore une fois d'effectuer un changement comportant de gros risques : j'ai mis sur pied ma propre entreprise et j'ai écrit mon premier livre intitulé *Top vendeur.* Publié en français et en anglais, ce livre connaît maintenant beaucoup de succès.

Si je n'avais pas pris le risque de changer d'emploi la première fois, je serais probablement encore plongeur. La plupart de mes amis de l'époque occupent le même genre d'emploi depuis les 16 dernières années.

Vous croyez que vous ne devez rien changer ? Au contraire, faites tout pour changer. Sortez du confort de votre routine parce que cette «zone de confort» est aussi une zone morte. Apprenez à vous adapter au changement et à l'apprivoiser, à maximiser votre potentiel pour atteindre des sommets auxquels vous n'avez jamais osé rêver.

◆

Devenez
un adepte
du changement!

◆

RÉALITÉ N° 4

LE STRESS

**Le défi
de
réussir**

«*Personne ne peut faire naître en vous la colère ou le stress, ils sont le fruit de votre perception du monde.*»

Wayne W. Dyer

21 Nous créons notre stress

«Tout ce que vous êtes résulte de vos pensées.»

Bouddha

N ous travaillons très fort toute notre vie à être stressés! Vous trouvez cela étrange? Voici pourquoi. Certaines personnes disent que si elles avaient un emploi plus intéressant, elles seraient plus heureuses, ou si elles avaient une plus grosse voiture, si elles avaient plus de cheveux ou plus d'argent, elles seraient heureuses! Lorsqu'elles obtiennent ce qu'elles voulaient, après un mois ou deux, elles se retrouvent à la case départ et en veulent davantage! Je connais quelqu'un qui a tout fait pour se marier; maintenant, il essaie de se débarrasser de sa femme. Un de mes amis désirait à tout prix avoir un enfant. Maintenant qu'il en a trois, il se plaint constamment de ses enfants. J'ai toujours voulu devenir directeur général et lorsque j'y suis parvenu je me suis dit: «C'est tout? Qu'est-ce que je pourrais être, obtenir ou faire d'autre?» Ne trouve-t-on pas là le propre de la nature humaine? Le stress est bon dans la mesure où il nous stimule en vue d'atteindre un certain niveau, mais il peut être fatal. Voici quelques exemples de stress positif:

- Un gestionnaire travaille très fort pour respecter la date limite de remise d'un projet important. Il subit un stress, mais cette pression le stimule à remettre son travail à temps.

- Un étudiant étudie très sérieusement pour réussir un examen. Il reste éveillé tard et se lève tôt pour étudier. Ce genre de stress va l'aider à obtenir son diplôme.

- Une femme désire avoir un enfant. Pendant sa grossesse, elle est confrontée à toutes sortes de changements physiques et psychologiques qui lui causent du stress. Mais ce type de stress l'amène à bien manger et à prendre soin d'elle pour avoir un bébé en santé.

Certaines personnes s'entraînent à des sports stressants comme la boxe, la lutte ou le ski alpin. Ces personnes, qui aiment la vie, ont du plaisir à exercer ces sports.

> «Le stress ne tue pas la joie de vivre, au contraire,
> il contribue à la créer.»
>
> *Peter G. Hanson*

Le stress affecte les personnes de toutes les couches de la société, peu importe qui elles sont, ce qu'elles font ou d'où elles viennent. Tout le monde a été victime du stress à un moment donné. Cependant, lorsqu'il n'est plus contrôlé, le stress peut provoquer de la frustration, de la colère, de l'angoisse, il peut être la cause d'une dépression, de maux de tête, d'une pression artérielle élevée, d'un infarctus et de plusieurs autres maladies fatales. En 1977, une étude effectuée aux États-Unis par la National Science Foundation, a conclu que le stress est un problème majeur qui influe sur notre vie quotidienne. Il peut occasionner une panoplie de désordres psychologiques, physiologiques et sociaux. Le stress occasionne aussi des pertes annuelles s'élevant à environ 100 millions de dollars en frais d'hospitalisation, de congés de maladie, de compensations et en coûts reliés à des décès précoces.

22 Trop peu ou beaucoup trop n'est pas bon

«Vivre, ce n'est pas être en vie, c'est être bien.»

Martial

Est-ce que le stress est bon ou mauvais pour nous? Selon le docteur Peter G. Hanson, auteur du livre *The Joy of Stress,* «Trop peu ou beaucoup trop sont tous les deux nocifs pour nous.» Un gestionnaire qui travaille tard tous les jours, qui ne fait pas attention à sa santé, à sa famille ou à sa vie privée, subira un stress aussi fort que le gestionnaire à l'emploi d'un patron trop exigeant et démotivant. Un stress trop fort peut provoquer une baisse de la productivité; il peut amener la personne à manquer de concentration et de confiance en elle, ce qui peut troubler ses sentiments et son état d'esprit et aller jusqu'à causer une maladie fatale.

À l'instar d'un stress trop élevé, trop peu de stress peut aussi entraîner une baisse de l'estime de soi et un manque de confiance en soi. Prenez par exemple une personne qui, après avoir travaillé fort toute sa vie, prend sa retraite et se retrouve sans aucune activité; loin d'être stressée, elle se sentira inutile et verra sa confiance en elle-même diminuée, ce qui peut, selon le docteur Hanson, lui être fatal si elle ne s'inscrit pas à des activités dans les deux ans qui suivent sa retraite. La personne retraitée a en effet besoin d'un stress positif.

Par ailleurs, si le stress, cette réalité de notre vie, est si dangereux, pourquoi ne pas simplement l'éliminer? Pourquoi les gens qui sont stressés ne l'admettent-ils pas? Pourquoi pensent-ils que le stress ne touche que les autres et pas eux? En fait, nous ne pouvons éliminer le stress, mais nous pouvons le contrôler et apprendre à le combattre. C'est le but de ce chapitre. Pour mieux contrôler le stress et élaborer des stratégies pour le contrer, vous devez être en mesure de reconnaître ses symptômes. Vous devez alors admettre que vous pouvez être, vous aussi, affecté par le stress et vous devez essayer de le comprendre. Votre conscience doit être assez forte pour que votre subconscient vous défende automatiquement contre le stress. Ainsi, seul le stress positif, celui qui vous permet d'atteindre vos objectifs, subsistera et vous serez plus heureux.

23 Les 4 causes du stress

«Le stress n'existe pas; il n'y a que des gens
dont la pensée est stressée.»

Wayne W. Dyer

L es causes du stress varient selon la situation et les circonstances. Le rythme de votre vie, votre milieu de travail, votre santé ou vos finances pourraient être des facteurs responsables du stress. À la suite d'une recherche effectuée auprès de 300 gestionnaires provenant de 12 grandes entreprises, le docteur John H. Howard, de l'Université Western, en Ontario, a dégagé quatre causes de stress chez les gestionnaires d'entreprise.

1. L'impuissance

Un gestionnaire peut se sentir impuissant face aux politiques de l'entreprise qui l'obligent à attendre l'approbation ou la décision des hauts dirigeants avant de résoudre un problème donné. Une telle situation crée de la frustration et peut, à son tour, occasionner du stress. Dans le même ordre d'idée, le grand philosophe Hérodote a écrit : «Posséder de plus grandes connaissances mais aucun pouvoir suscite chez l'homme la plus grande amertume.»

2. L'incertitude

Très souvent, on ne distingue pas clairement les problèmes auxquels on a à faire face dans le milieu de travail si bien qu'un important climat d'incertitude peut s'installer. Lorsque vient le temps pour un gestionnaire de prendre une décision, celle-ci est alors basée sur des renseignements confus ou sur des politiques d'entreprise nébuleuses, ce qui rend difficile la tâche de prendre une bonne décision. C'est alors que le stress survient.

3. Le surplus de travail

Un gestionnaire, c'est reconnu, travaille entre 55 et 65 heures par semaine. Mais la plupart des hauts dirigeants ne tiennent compte que des résultats, peu importe le nombre d'heures investies par les gestionnaires. Le surplus de travail est un facteur de stress qui peut déborder jusque dans la vie privée.

4. Les urgences

Selon le docteur Howard, les gestionnaires accomplissent en moyenne une tâche différente toutes les sept minutes. Tous les projets ou les rapports sont urgents ; une grande pression s'exerce alors sur le gestionnaire qui peut être affecté par le stress. Le docteur Howard mentionne également que «dans la vie d'un gestionnaire, le stress est causé principalement par l'incapacité du supérieur à assurer une saine gestion de l'entreprise, en raison de son incompétence, de ses lacunes dans la planification, de ses fréquents changements d'idées et de sa difficulté à communiquer».

J'ai répertorié d'autres causes :

1. L'absence d'autorité

Lorsqu'un gestionnaire a d'énormes responsabilités, mais ne peut prendre de décisions parce qu'il n'a pas l'autorisation d'apporter des changements, l'absence d'autorité qui en résulte est un facteur de stress.

2. Les promotions

L'incertitude du gestionnaire quant aux promotions et à sa carrière future peut être la source de stress.

3. La solitude

Le gestionnaire peut avoir tendance à tout garder pour lui-même pour ne pas imposer ce fardeau à sa conjointe ou à ses amis. Tout ce qui lui importe est de se retrouver à la maison après une longue journée de travail, de prendre un bon repas et d'avoir du temps pour lui. Mais souvent, il doit faire face à des problèmes personnels, tels que les difficultés scolaires des enfants, le prêt hypothécaire, etc.

4. La désorganisation

Un gestionnaire désorganisé qui cherche constamment ses dossiers, ses rapports ou ses clés d'auto et qui accuse les autres est un candidat au stress.

5. L'apparence

L'apparence a une influence directe sur la perception que le gestionnaire a de lui-même. S'il est obèse parce qu'il a de mauvaises habitudes alimentaires, s'il ne se sent pas bien dans sa peau ou s'il ne fait rien pour se mettre en forme, il souffrira de stress.

6. La douleur physique

Le stress peut provenir d'une douleur physique telle qu'une douleur à l'estomac ou un mal de tête. Une personne en attente d'une intervention chirurgicale ou qui se heurte simplement le genou contre une chaise peut être affectée par le stress.

7. La douleur émotionnelle

La perte d'un ami ou d'un membre de la famille, un divorce ou une rupture sont des facteurs de stress.

Est-ce que l'une de ces situations s'applique à vous? Êtes-vous une source de stress pour vos employés? Certains dirigeants le sont parce qu'ils ne tiennent pas compte que de ce qui va mal et qu'ils prennent rarement en considération ce qui va bien. Ils obligent leurs employés à travailler si fort que ces derniers n'en peuvent plus. Ils harcèlent leurs employés et croient qu'en leur donnant un emploi ils leur font une faveur.

Certains supérieurs, gentils et souriants, sont pourtant une source de stress pour leurs employés parce qu'ils envoient des notes de service, qu'ils changent d'idée et qu'ils sont incapables de prendre des décisions par eux-mêmes.

Faites attention, car, selon la perception que vous avez de la situation, vous pourriez être la plus grande source de stress chez vos employés. De plus, n'aggravez pas le problème ; avant de parler à quiconque, rappelez-vous les erreurs que vous avez commises dans le passé.

24 Les signes avant-coureurs du stress

«Écoutez votre corps, c'est lui qui vous renseigne
sur les dangers pernicieux.»

Ibrahim Elfiky

M aintenant que vous connaissez les principales causes du stress, voyons-en les signes avant-coureurs.

- La perte d'appétit
- La boulimie
- L'indigestion
- Le mal de tête
- La perte de mémoire
- La colère
- La préoccupation
- Le rythme cardiaque plus élevé

- L'hostilité
- La dépression
- La perte d'intérêt dans les activités
- L'insomnie
- Les problèmes de dos et de cou
- L'agitation

La liste pourrait s'allonger. Vous devez être vigilant et agir sans tarder. Vous êtes incapable de vous détendre? Vous vous emportez dès que les choses ne vont pas comme vous le souhaitez? Vous vous fatiguez rapidement, avez de la difficulté à vous concentrer, oubliez souvent des choses? Vous vous inquiétez? Vous travaillez beaucoup sans être productif, fumez ou buvez plus que d'habitude? Alors, vous présentez les signes avant-coureurs du stress et vous devez réagir.

25 Le secret anti-stress

> «L'homme sage est serein, l'homme à l'esprit étroit est toujours au bord du gouffre.»
>
> *Confucius*

Voici quelques-uns des trucs les plus efficaces pour combattre le stress négatif et le rendre positif.

1. Déléguez.

En partageant ou en déléguant les tâches routinières, vous aurez plus de temps à consacrer aux choses plus importantes.

2. Gérez.

Si vous organisez votre environnement de travail, si vous gérez votre temps, si vous établissez vos priorités et aidez votre équipe à s'organiser, vous éliminerez les situations qui peuvent causer du stress.

3. Travaillez en équipe.

Travailler en équipe et partager les décisions avec ceux qui ont un bon jugement vous enlèvera un poids et contribuera à réduire le stress.

4. Prévenez les situations stressantes.

Prévoyez et préparez à l'avance les événements tels que les réunions avec la haute direction ou un entretien en tête-à-tête avec votre patron ou vos employés.

5. Faites attention à la pensée négative.

Lorsque vous vous entendez dire «C'est désastreux, pourquoi cela m'arrive-t-il? Pourquoi le patron ne me laisse-t-il pas tranquille? C'est impossible de travailler ici», répétez-vous très fort «Assez!» Affrontez votre pensée négative et répliquez «J'ai vu pire et je suis passé à travers», ou «Je peux le faire parce que j'ai réussi avant, donc je peux encore réussir.»

Surtout, n'oubliez pas que vos pensées traduisent ce que vous êtes. Trouvez des solutions, contrôlez vos pensées négatives et vous maîtriserez votre stress.

6. N'appréhendez pas le stress futur.

Posez-vous les trois questions suivantes:

- Quelle est la pire chose qui pourrait m'arriver?

- Quelle est la chose la plus vraisemblable qui pourrait survenir?

- Quelle est la chose la plus merveilleuse qui pourrait m'arriver?

Dites-vous «Je vais résoudre ces situations stressantes cet après-midi». Mettez par écrit une situation problème et cinq solutions que vous aurez trouvées.

Ainsi, vous ne vous inquiéterez pas d'un problème qui pourrait survenir dans un mois. N'appréhendez pas le stress; vous aurez bien assez de l'affronter au moment venu. Il y a des chances que la situation se règle d'elle-même. À ce propos, Dale Carnegie a mentionné que 90 % des situations qui nous inquiètent n'arrivent jamais. Et nous ne maîtrisons pas les situations qui composent le 10 % qui reste.

7. Le journal de la réussite: une stratégie

Prenez l'habitude de consigner tous les jours dans votre journal de la réussite au moins une chose positive que vous avez accomplie. Vous aurez ainsi un aperçu de vos atouts et de vos forces. Lorsque vous serez déprimé, prenez votre journal, inspirez profondément et lisez-le. Cela chassera vos idées noires, augmentera l'estime de vous-même et vous vous sentirez mieux et moins stressé. Vous vous rendrez compte que vous avez accompli beaucoup de choses et, quoi qu'il arrive, vous réussirez.

8. Inspirez-vous d'un modèle.

Lorsque vous faites face à une difficulté, pensez à une personne que vous admirez pour sa sagesse et sa facilité à résoudre les problèmes et imaginez que vous êtes cette personne ; demandez-vous ce qu'elle ferait et trouvez des solutions. Cette personne peut être une de vos connaissances ou un mentor que vous avez imaginé. Tout comme l'a dit Confucius, «lorsque vous voyez un homme d'un calibre supérieur, faites tout pour l'égaler.»

9. La respiration énergétique

Une fois assis, concentrez-vous sur votre respiration. Assurez-vous de ne pas être dérangé pendant les dix prochaines minutes.

- Inspirez lentement par le nez en comptant jusqu'à quatre.

- Retenez votre inspiration en comptant jusqu'à deux.

- Expirez lentement par le nez en comptant jusqu'à huit et dites-vous : «Maintenant détends-toi.»

- Répétez cet exercice au moins dix fois.

10. Le repos cérébral de dix minutes

- Souvenez-vous d'un moment et d'un lieu où vous étiez complètement détendu. Cela peut être lorsque vous étiez en vacances aux Bahamas, au sommet d'une montagne ou dans un jardin...

- Asseyez-vous ou couchez-vous confortablement.

- Suivez le processus de la respiration énergétique.

- Fermez les yeux.

- Imaginez que vous partez vers votre destination de vacances préférée et revivez vos vacances (cette fois, vos vacances ne vous coûteront rien !).

- Imaginez que vous êtes en vacances et vivez-les par l'intermédiaire de vos cinq sens. Concentrez-vous sur votre respiration.

11. Exercice

La Faculté de médecine de l'Université du Massachusetts a effectué une étude auprès de 3 000 gestionnaires pour connaître leur façon de gérer le stress. La réponse qui arrive en tête est l'exercice physique. Les chercheurs ont découvert que parmi les répondants :

- 72 % font de la course régulièrement ;

- 66 % pratiquent la marche rapide ou la natation ;

- 64 % font de la bicyclette stationnaire ;

- 57 % font de l'haltérophilie ;

- 25 % jouent au tennis ou au racquetball ;

- Autres moyens utilisés : musique, méditation, etc.

Avoir une activité physique est très important. Voici une recette simple à mettre en pratique tous les matins.

- Répétez la respiration énergétique : inspirez et remplissez vos poumons d'oxygène, puis expirez comme si vous vouliez éteindre une chandelle. Répétez cinq fois.

- Étirez-vous pendant cinq minutes.

- Marchez sur place pendant cinq minutes.

- Courez sur place pendant cinq minutes.

- Faites des pompes (tractions) et des redressements assis si vous le pouvez.

Pour obtenir plus d'information sur l'énergie, référez-vous à mon ouvrage *Top vendeur*. Je consacre à ce sujet un chapitre entier.

Toutefois, consultez votre médecin de famille avant de suivre un programme d'exercices physiques.

12. Loisirs

Avez-vous un passe-temps ? Est-ce que vous aimez cuisiner, peindre, jardiner, faire de la musique ou en écouter ? Avoir un passe-temps permet de se concentrer sur autre chose, de réduire le stress. Si vous n'avez aucun loisir, peut-être est-il temps de vous en trouver un. Cela vous fera le plus grand bien.

26 L'exercice de relaxation à la manière d'Elfiky

«Peu importe d'où vous venez, l'important
est de savoir où vous voulez aller.»

Ibrahim Elfiky

E n animant des ateliers, j'ai mis au point un exercice qui s'avère très bénéfique tant pour ma clientèle que pour moi-même. Le voici en quelques points :

1. • Pensez à un problème qui vous préoccupe. Fermez les yeux.
    • Pensez à votre numéro de téléphone. Dites-le à haute voix.
    • Prononcez-le à haute voix à l'envers.
    • Imaginez le mot «Montréal» devant vous.
    • Épelez-le à haute voix.
    • Épelez-le encore à haute voix, mais à l'envers.

    Êtes-vous toujours préoccupé par votre problème ? Si vous avez effectué cet exercice correctement, vous devriez répondre par la négative. En effet, nous ne pouvons pas réfléchir à deux choses à la fois. Donc, par cet exercice, vous mettez temporairement de côté votre stress, vous vous dissociez de la situation qui vous cause ce stress.

2. Étirez vos bras devant vous et poussez très fort. Continuez... plus fort... encore plus fort. Laissez tomber vos bras et remarquez la différence entre la tension que vous subissiez et la détente actuelle.

    Posez vos deux mains sur une chaise et poussez fort. Continuez... plus fort... encore plus fort, puis relâchez. Répétez cet exercice cinq fois. Notez votre état de détente. Cet exercice vous aide à évacuer de votre corps l'énergie négative et à faire place à la détente.

3. Pratiquez la respiration énergétique.

- Fermez les yeux et concentrez-vous sur votre respiration.
- Retrouvez le moment où vous étiez complètement détendu. En faisant appel à vos cinq sens, revivez dans les moindres détails ce que vous ressentiez alors.
- Lorsque vous ressentez pleinement ces sensations, touchez votre pouce avec le majeur de votre main gauche.

C'est l'élément déclencheur qui vous permettra d'obtenir la même réponse chaque fois que vous le désirerez. Appelons-le le «déclic de la relaxation».

4. La stratégie de la relaxation.

Pendant que vous êtes en train de relaxer, concentrez-vous sur les points suivants :

- Pratiquez la respiration énergétique.
- Relâchez votre mâchoire et votre bouche.
- Portez attention à toutes les parties de votre corps. Commencez par les orteils ; dites à haute voix que ces parties de votre corps sont détendues. Par exemple : «Mes pieds sont détendus.» Continuez ainsi jusqu'à ce que tout votre corps soit détendu.
- Dites trois fois : «Je suis complètement détendu.»

5. Vous pouvez vérifier votre degré de relaxation. Ouvrez doucement les yeux. Relâchez votre pouce, qui sert de déclic. Touchez votre pouce. Vous remarquerez que le fait de toucher votre pouce déclenche la respiration. À son tour, votre respiration amène votre corps à se détendre complètement et vous vous entendez dire : «Je suis complètement détendu.»

6. Si le déclic ne déclenche pas la réponse souhaitée, retournez à la troisième étape. Cette fois, faites l'exercice plus profondément et concentrez-vous.

7. Répétez l'élément déclencheur pour obtenir la réponse souhaitée. Répétez l'exercice aussi souvent que vous le désirez.

8. Effectuez l'exercice quotidiennement ou aussi souvent que vous le pouvez jusqu'à ce que la détente devienne une seconde nature.

Vous connaissez maintenant les dangers du stress, vous êtes en mesure d'en repérer les signes avant-coureurs et vous savez comment le contrôler. La décision de contrôler votre stress vous appartient. En effet, il ne suffit pas de savoir comment le gérer; il faut le décider.

◆

Portez une attention particulière au stress et contrôlez-le.

◆

RÉALITÉ N° 5

LA COMMUNICATION

Le chemin
du
pouvoir

«C'est notre façon de communiquer avec les autres
et avec nous-mêmes qui détermine notre qualité
de vie.»

Ibrahim Elfiky

27 La communication est une question de perception

«Communiquer, c'est s'engager ; communiquer, c'est se révéler ; communiquer, c'est s'afficher. Communiquer est la clé du succès du nouveau gestionnaire !»

Pierre Beaudoin

Q uelle serait votre réaction si quelqu'un vous critiquait devant d'autres personnes ? Vous êtes-vous déjà rendu compte que vous aviez involontairement insulté quelqu'un par vos paroles et que cette personne se tenait sur la défensive ? Votre réponse reflétera votre perception.

Un jour, j'ai demandé à un directeur en marketing comment il gérait les personnes et les situations problématiques. Il m'a répondu : «Je les ignore. Croyez-vous que j'ai le temps de materner tout le monde ?». Donc, selon sa perception de la situation, il évite les situations et les personnes difficiles. Mais agir ainsi, c'est comme arrêter sa montre pour gagner du temps, ne pas manger pour éviter de prendre du poids ou ne pas conduire sa voiture pour ne pas avoir d'accident. Oublier les problèmes ne les fera pas disparaître. Au contraire, la situation s'envenimera. Vous perdrez votre crédibilité et la confiance de votre équipe en ce qui concerne votre capacité à gérer. Cela peut même nuire aux résultats souhaités. Comme l'a dit le docteur Robert Schuller : «Un problème ne disparaît jamais tel qu'il est survenu. Il se transforme pour le meilleur ou pour le pire.»

Vous devez affronter la situation de façon positive pour la changer. Pour ce faire, vous devez mettre le doigt sur le problème qui pourrait nuire aux résultats, à l'esprit d'équipe ou à votre rendement. Dans la communication, le plus important n'est pas ce dont on parle et quelle langue on utilise; c'est la manière de communiquer. En fait, en tant que décideur, votre réussite repose en grande partie sur votre capacité de communiquer avec les autres en toutes circonstances.

Les mots n'ont pas la même signification pour tout le monde. Par exemple, si vous demandez à dix personnes ce qu'elles pensent de la réussite, vous pouvez obtenir dix opinions différentes. Pour un homme, la réussite peut se traduire par le bien-être de sa famille; pour l'homme d'affaires, elle passe par le profit; pour le vendeur, c'est de faire plus de ventes et de trouver de nouveaux clients; pour l'étudiant, la réussite consiste à passer ses examens avec brio; et pour un athlète, la réussite, c'est d'obtenir la médaille d'or aux Jeux olympiques. En fait, les réactions des gens dépendent de la façon dont vous communiquez avec eux. Chacun d'eux perçoit et réagit en fonction de ses propres valeurs et de ses propres croyances. Comme on le constate dans le *Book of Miracles,* votre réponse est fonction de votre perception et celle-ci détermine votre comportement.

Voici un autre exemple de variabilité de perception: au cours d'une discussion avec trois personnes du Service des ventes, j'ai raconté une blague. Devinez ce qui est arrivé? Deux personnes ont ri, la troisième était insultée!

À quoi vous font penser les illustrations ci-dessous?

1. L'étoile perdue

Que voyez-vous? S'agit-il d'une étoile? Pourquoi? Voyez-vous les cinq pointes formant l'étoile?

2. L'image ambiguë ou réversible (le vase de E. Rubin)

Que voyez-vous? Le vase? Et les deux côtés?

3. La vieille femme et la jeune fille

Que voyez-vous dans ce dessin? Distinguez-vous une vieille femme? Et la jeune fille? Couvrez la bouche et les yeux et vous verrez une jolie jeune fille.

Comme vous avez pu le constater, les choses ne sont pas ce qu'elles semblent être. Il en est de même pour la communication. Vous devez être souple, comprendre et accepter les gens comme ils sont. Considérez les choses de leur point de vue et pas seulement du vôtre. N'essayez pas de les changer pour qu'ils partagent votre opinion.

Sachez vous mettre à la portée des personnes que vous rencontrez. Montrez-leur que vous les appréciez et que vous les acceptez pour ce qu'elles sont. Traitez-les comme des êtres uniques.

Dans ce chapitre, je vous présenterai les outils les plus puissants dans le domaine des communications. Vous apprendrez comment élucider les stratégies des autres, comment manœuvrer les différents types de personnes difficiles et comment utiliser l'ultime solution qu'est la communication pour forger des liens privilégiés et les entretenir.

Alors, en route pour une communication plus efficace.

28 L'harmonie de la relation

«L'harmonie de la relation est la base
de la communication.»

Virginia Satir

Vous est-il déjà arrivé de détester une personne à l'instant même où vous la rencontriez pour la première fois? À l'inverse, vous êtes-vous déjà senti à l'aise avec une personne dès les premiers instants d'une rencontre? Avez-vous déjà été en complète harmonie avec un client, un ami ou un membre de la famille? Comment vous y êtes-vous pris pour créer ces liens privilégiés?

Lorsque vous rencontrez une personne avec laquelle vous vous sentez à l'aise, c'est qu'elle a dû faire ou dire quelque chose qui vous semblait familier et que cette association a influencé vos sentiments à son égard. Peut-être ressemblait-elle à une personne que vous connaissez. Cette association qui se fait inconsciemment agit sur vos sentiments, votre comportement et votre jugement. Lorsque vous êtes en harmonie avec quelqu'un, vous devez avoir le ton de voix, les expressions faciales et le langage corporel appropriés et dire les mots qu'il faut. S'il vous est arrivé de ne pas pouvoir établir de liens privilégiés avec quelqu'un, c'est que vous n'utilisiez sans doute pas les bons mots, le bon ton de voix, l'expression faciale ni le langage corporel nécessaires. Vous avez porté un jugement sur la personne et déclenché les mauvaises réactions.

«Les gens aiment ceux qui leur ressemblent.»

Michael Brooks

Qu'est-ce que l'harmonie? C'est l'ingrédient le plus important de la communication. L'harmonie consiste à parler avec le même ton de voix, à avoir les mêmes expressions, les mêmes mouvements du corps et la même respiration que l'autre. Entrer dans une relation harmonieuse, c'est accepter l'autre personne telle qu'elle est en créant un climat de confiance et de respect.

Vous souvenez-vous de votre premier rendez-vous? De ce que vous avez fait pour établir des liens privilégiés avec cette personne? Voilà ce qu'est l'harmonie avec l'autre. À l'occasion d'un de mes ateliers, j'ai remarqué dans le hall de l'hôtel une femme qui faisait toutes sortes de mimiques, qui bougeait la tête de gauche à droite et de haut en bas en parlant à un bébé. Cette femme se rendait ridicule. Pourquoi? Parce que, pour communiquer avec le bébé, pour être en harmonie avec lui, elle devait se mettre à sa portée. Cela a d'ailleurs fonctionné: le bébé lui a souri. C'est le pouvoir de l'harmonie, le propos de ce chapitre.

a) Le système de représentation

> «Nos cinq sens nous permettent d'imaginer
> une représentation du monde.»
>
> *Milton Erickson*

En tant qu'êtres humains, nous entrons en contact avec le monde qui nous entoure grâce à nos cinq sens. Ces systèmes sensoriels trient et emmagasinent les informations et nous permettent d'organiser les perceptions. Ce système de représentation est constitué de cinq systèmes, soit les systèmes visuel, auditif, kinesthésique, olfactif et gustatif. Bien que les cinq fonctionnent en permanence, l'un d'eux domine chez chacun d'entre nous. Une personne visuelle portera plus attention aux images et aux couleurs, celle qui est auditive sera plus sensible aux sons et aux mots tandis qu'une personne dominée par le système kinesthésique sera plus sensible aux émotions.

Voici les trois caractères liés au système de représentation:

1. Le visuel

Il parle vite et fort; il a une respiration saccadée et peu profonde, fait des mouvements rapides, est énergique et actif. Il est plus influencé par les images que par les sons ou les émotions.

2. L'auditif

Il est caractérisé par une voix rythmée aux intonations variées, il a une respiration régulière, provenant du milieu de la poitrine. Il aime écouter et il apprécie les sons plus que les images ou les émotions.

3. Le kinesthésique

Il est calme et tranquille, son ton de voix est bas ; il a une respiration lente, provenant de l'abdomen. Ses émotions sont plus importantes que les images et les sons.

Le système de représentation

VISUEL	AUDITIF	KINESTHÉSIQUE	OLFACTIF	GUSTATIF

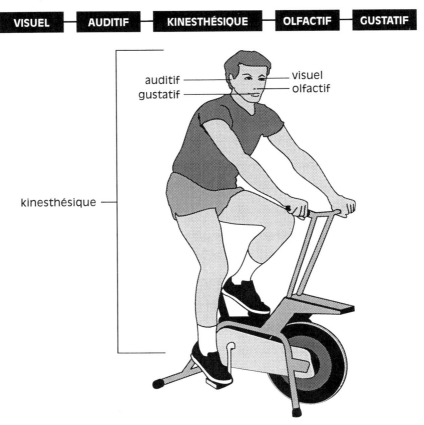

Les systèmes olfactif et gustatif sont inclus dans le système kinesthésique.

b) Les yeux: la porte d'entrée de vos états d'âme.

«Vos yeux sont le reflet de vos pensées.»

Ibrahim Elfiky

Que votre cerveau soit occupé à traiter de l'information, que vous soyez en train de vous souvenir d'un fait vécu emmagasiné dans votre mémoire, de réfléchir à quelque chose ou bien de répondre à une question, vous utilisez vos yeux. Les mouvements des yeux traduisent les réactions d'une personne à un moment précis. Étudier le langage non verbal et essayer de percer la stratégie de la personne vous permet de vous placer à sa portée et ainsi de créer une harmonie entre cette personne et vous.

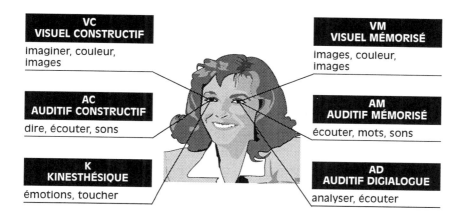

VC **VISUEL CONSTRUCTIF**	**VM** **VISUEL MÉMORISÉ**
imaginer, couleur, images	images, couleur, images
AC **AUDITIF CONSTRUCTIF**	**AM** **AUDITIF MÉMORISÉ**
dire, écouter, sons	écouter, mots, sons
K **KINESTHÉSIQUE**	**AD** **AUDITIF DIGIALOGUE**
émotions, toucher	analyser, écouter

1. Le système visuel

VC- Visuel constructif : les yeux sont orientés vers le haut, à droite. Cela signifie que la personne est en train d'interpréter une image qu'elle ne pouvait pas retrouver dans sa mémoire.

VM - Visuel mémorisé : les yeux sont orientés vers le haut, à gauche. La personne se souvient d'une expérience passée.

2. Le système auditif

AC - Auditif constructif : les yeux sont placés au milieu, à droite. La personne interprète les sons non stockés dans sa mémoire.

AM - Auditif mémorisé : les yeux se placent au milieu, vers la gauche. La personne se souvient de sons qui sont stockés dans sa mémoire.

AD - Auditif digialogue : les yeux sont orientés vers le bas, vers la gauche. La personne analyse l'information.

3. Le système kinesthésique

K - Kinesthésique : les yeux sont orientés vers le bas, à droite. La personne est en train de chercher de l'information par le biais de ses émotions, des odeurs et du goût.

c) Les prédicats

«J'essaie de saisir chaque phrase, chaque mot
que l'autre et moi-même prononçons et je les
emmagasine dans ma banque, ainsi ils seront
accessibles pour être réutilisés.»

Anton Paulovich Tchekhov

Les prédicats sont des mots et des expressions le plus souvent utilisés par chaque système sensoriel, de façon inconsciente. En écoutant attentivement, vous pouvez reconnaître les prédicats de votre interlocuteur et vous y adapter pour harmoniser la communication avec lui.

Voici quelques exemples de prédicats :

VISUEL	AUDITIF	KINESTHÉSIQUE	GUSTATIF	OLFACTIF
voir	écouter	sentir	avaler	sentir
montrer	entendre	toucher	goûter	odeur
clair	parler	chaud	manger	odeur de brûlé
coup d'œil	cri	froid	lécher	parfum
image	pleurs	pression	digérer	frais
vision	bruit	détente	épicé	corrompu
visualiser	dire	blessé	appétissant	renifler
regard	rythme	tension	bouchée	mauvaise odeur
imaginer	fort	tenir	sucré	spongieux
couleur	son	émotions	aigre	odeur de fleur

Voici quelques exemples de prédicats en contexte :

1. Le visuel

- Je vois ce que vous voulez dire.
- Voyez-vous mon point de vue ?
- Laissez-moi jeter un coup d'œil.
- Ce n'est pas clair pour moi.
- Je le vois différemment.

2. L'auditif

- Avez-vous entendu ce que je viens de dire ?
- Écoutez, j'ai une bonne idée.
- Désolé, je ne vous ai pas entendu. Qu'est-ce que vous avez dit ?

3. Le kinesthésique

- Ce que vous m'avez dit m'a vraiment touché.
- Je me sens dans une forme superbe.
- Je suis sensible.
- Lorsque je me sens bien, je fais plein de choses.

4. Le gustatif

- Votre idée m'a donné le goût de travailler.
- Laissez-moi savourer ce moment.
- Cette idée est de mauvais goût.

5. L'olfactif

- Cette histoire ne sent pas bon.
- Cette affaire sent la corruption à plein nez.

Lorsque vous percez les prédicats dominants du système de représentation d'un individu, il vous est facile d'établir le contact avec cette personne et d'être sur la même longueur d'onde. Voici quelques exemples qui faciliteront le contact avec l'autre.

L'autre : «Écoutez-moi.»
Vous : «Je vous écoute.»

L'autre : «Vous comprenez ce que je veux dire ?»
Vous : «Oui, je comprends très bien ce que vous voulez dire.»

L'autre : «Pouvez-vous imaginer ?»
Vous : «Oui, je peux l'imaginer.»

L'autre : «Ce que vous me dites me touche beaucoup.»
Vous : «Je vous comprends. Je ressens la même chose.»

Vous avez compris ? Trouvez les prédicats de votre interlocuteur et adaptez-vous à lui. Vous n'avez qu'à lui porter un peu plus d'attention. Pour vous faire la main, prenez note des systèmes de représentation et des prédicats des personnes à qui vous parlez, que ce soit directement, au téléphone ou lorsque vous écoutez la télévision. Comme exercice, trouvez des prédicats qui vous permettraient de vous mettre sur la même longueur d'onde que ces personnes. Tout en étant amusant, cet exercice peut vous aider à établir une relation harmonieuse avec les autres.

d) Régler la cadence, synchroniser et diriger

1. Régler la cadence

Cette méthode consiste à adapter votre comportement à celui de l'autre personne. C'est un processus continu de synchronisation qui permet d'établir et de maintenir des liens privilégiés avec les gens.

«Les amis ont tout en commun.»

Platon

2. Synchroniser

Cette méthode consiste à adopter le langage verbal et non verbal ou à s'y adapter pour créer une synchronisation aux niveaux conscient et inconscient.

TABLEAU DE SYNCHRONISATION

A. LA SYNCHRONISATION DIRECTE NON VERBALE

1. **Le corps**
   Adaptez votre posture à celle de l'autre personne.

2. **La moitié du corps**
   Adaptez votre posture à celle de la partie supérieure ou inférieure du corps de l'autre personne.

3. **L'angle tête/épaules**
   Adaptez-vous au mouvement de la tête et des épaules de votre interlocuteur.

4. **Les expressions faciales**
   Observez les expressions faciales (lèvres, sourcils) et adaptez-vous-y.

5. **Les gestes**
   Ajustez vos gestes avec discrétion et de façon respectueuse.

6. **La respiration**
   Adoptez si possible le même rythme respiratoire après avoir observé le soulèvement de la poitrine et des épaules.

7. **La voix, le ton et le débit**
   Adaptez-vous au ton, au débit, au volume et aux intonations de la voix de votre interlocuteur.

8. **Les parties du corps**
   Les mouvements répétitifs comme le plissement des yeux, des sourcils, etc.

B. LA SYNCHRONISATION CROISÉE NON VERBALE

Harmonisez votre comportement avec celui de votre interlocuteur. Par exemple, s'il plisse les yeux; bougez doucement la tête; s'il décroise ses jambes, alors croisez les bras, etc.

C. LA SYNCHRONISATION VERBALE

1. Le système de représentation
   Utilisez les mêmes prédicats que l'autre personne.

2. Les phrases répétitives
   Remarquez la structure des phrases et adaptez-vous à cette structure.

3. Les expressions caractéristiques
   Les expressions telles que «Vous voyez, vous savez, j'adore ça, c'est super», etc.

4. Les idées et les pensées
   Prenez l'idée générale et utilisez-la dans votre discussion.

3. Diriger

Une fois la synchronisation établie aux niveaux conscient et inconscient, vous pouvez valider la qualité des liens que vous avez créés en modifiant votre comportement. Remarquez si la personne suit vos mouvements et adopte votre comportement.

Par exemple, si vous êtes tous les deux assis, les jambes croisées, changez de position : posez deux pieds au sol ou croisez les bras sur la poitrine. Si votre interlocuteur imite vos mouvements, c'est que la synchronisation est établie entre vous. Il vous est donc possible d'orienter la discussion dans la direction que vous souhaitez. Il ne vous reste plus qu'à franchir la prochaine étape : obtenir les résultats.

La séquence de la synchronisation et de la direction

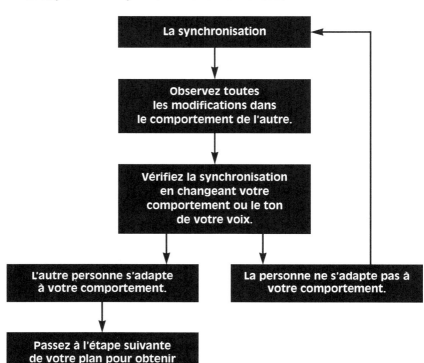

Dès aujourd'hui, habituez-vous à prêter attention aux personnes avec lesquelles vous communiquez. Essayez de trouver leur système de représentation et les prédicats qu'elles utilisent. Remarquez les mouvements des yeux; ils vous renseignent sur leur état d'esprit, sur ce qu'elles pensent. Observez-les continuellement, servez-vous des indices qu'elles vous communiquent et adaptez-vous à leur comportement. D'ailleurs, un vieux dicton ne dit-il pas «Qui se ressemble, s'assemble. Qui s'assemble, se ressemble»? En vous adaptant jusqu'à devenir le reflet de l'autre personne, vous vous transportez dans son monde; c'est comme si, en vous regardant, elle se voyait dans un miroir.

Effectuez ces exercices tous les jours. Vous serez surpris par votre capacité à communiquer. Michael Brooks, auteur du livre *Instant Rapport,* a dit : «La synchronisation renverse les lois de la physique ; les éléments contraires ne s'attirent plus, ce sont les éléments semblables qui s'attirent !»

- *La synchronisation n'est pas l'imitation.*
- *L'imitation se fait aux dépens d'autrui.*
- *La synchronisation permet d'établir des liens privilégiés.*

29 Il y a partout des personnes difficiles

«Mon Dieu, donnez-moi la sérénité d'accepter
les choses que je ne peux changer, le courage
de changer celles qui peuvent l'être et la sagesse
de les distinguer.»

Anonyme

D ans mes ateliers, j'aime bien poser la question suivante:
«Dans votre entourage, connaissez-vous quelqu'un que vous
considérez comme une personne difficile?» Habituellement,
on me répond par l'affirmative! Une fois, un homme s'est levé et
m'a lancé: «Quelle question! Non seulement je connais une
personne difficile, mais je crois que tout le monde l'est.»

Toute entreprise ou toute personne connaît au moins un être
difficile, soit un monsieur-je-sais-tout, un plaignard, un colérique,
un critique ou un hypocrite.

Dans les pages qui suivent, je vous explique comment agir avec
les différents cas types afin que vous puissiez les confronter la
prochaine fois; ainsi, vous ne serez pas obligé de les éviter, vous
ne deviendrez pas fou et n'aurez pas envie de vous venger. Vous
apprendrez des techniques qui vous permettront de reconnaître
instantanément les cas types, de composer avec eux avec précision
et d'obtenir les résultats désirés. Partons à leur découverte.

Comment procéder avec les 9 types de personnes difficiles

30

«La communication est la compréhension
réciproque entre deux personnes.»

Virginia Satir

Le groupe agressif

1. Le type révolutionnaire

Il est manipulateur en plus d'être grossier. Il élève le ton, pousse les hauts cris et jure. Il frappe sur les tables ou sur les objets. Il s'impatiente lorsqu'on est en désaccord avec lui. Il se met facilement en colère. Il peut même aller jusqu'à l'abus physique.

2. Le type colérique

Méfiant, il se sert de la menace, ne se contrôle pas ; très émotif, il a tendance à crier. Il est sensible à la critique concernant son rendement et prend la critique de façon personnelle.

Voici comment procéder avec le révolutionnaire et le colérique :

Laissez-leur le temps de décompresser. Désamorcez leur attitude négative par un comportement naturel, non provocateur. Par exemple, prononcez leur nom et distrayez-les en laissant tomber un crayon. Restez en contact par les yeux, soyez confiant et ne laissez pas paraître votre peur. Invitez-les à s'asseoir. S'ils refusent, attendez 30 secondes, puis proposez-le-leur de nouveau. Tenez-vous-en à votre opinion, mais ne vous obstinez pas. Montrez-leur que vous vous intéressez à ce qui leur arrive. Puis invitez-les à résoudre leur problème calmement.

3. Le type critique

Sur la défensive, il croit que tout le monde est dans l'erreur. Il critique tout le monde pour tout ce qui va mal. Il se met vite en colère, cherche à se venger et essaie de l'emporter.

4. Le type plaignard

Il s'arrange toujours pour trouver des pépins dans tout (la gestion, le gouvernement, l'entreprise, le temps qu'il fait) et ne s'intéresse pas aux solutions. Il utilise des mots tels que toujours, jamais, tout, eux.

5. Le type négatif

Négatif et sarcastique, il n'est pas réceptif au changement ni aux nouvelles idées. Il ne voit que ce qui ne va pas. Ses expressions préférées sont: «Cela ne marchera pas, nous l'avons déjà essayé» ou «Oublions ça». En influençant les autres, il peut causer du tort.

Voici comment procéder avec les personnes de type critique, plaignard ou négatif:

Écoutez-les attentivement. Montrez que vous comprenez leur point de vue, mais ne dites pas que vous êtes d'accord avec elles parce que, si vous le faites, vous leur donnez raison et courez plus de risques que ces personnes exagèrent davantage leur attitude négative. Ne vous obstinez pas avec elles. Ne vous excusez pas. Essayez de faire dévier la conversation sur ce qui pourrait être accompli plutôt que sur le problème. Par exemple: «Qu'est-ce qui devrait être fait? Comment régleriez-vous ce problème?» Ne proposez pas de solution à leur place. Assurez-vous qu'elles comprennent parfaitement la situation. Lorsque vous êtes sûr qu'elles ont bien compris et qu'elles sont prêtes à agir, invitez-les à passer à l'action pour résoudre le problème.

Le groupe répressif

6. Le très sympathique

Gentil, drôle, il cherche à être aimé et accepté par tout le monde. Il acquiesce à tout ce que vous dites de peur de perdre votre amitié ou de provoquer votre colère. Il ne montre pas ses émotions et s'excuse sans raison. Vous pourriez dire «Il fait beau dehors» et il vous répondrait «Je suis désolé».

Comment procéder avec la personne très sympathique:

Montrez-lui que, quoi qu'il arrive, vous l'aimez bien quand même. Félicitez-la avec sincérité, encouragez-la à exprimer ses opinions et, lorsqu'elle le fait, félicitez-la. Posez-lui des questions précises et soulignez l'importance de sa contribution au sein de votre équipe de travail.

7. Le type silencieux

C'est l'attitude défaitiste. Ce type de personne a peu d'estime pour elle-même et pour ses opinions. Elle a peur d'avoir des problèmes. Elle n'hésite pas à dire «Vous avez raison, j'ai tort». Elle va se taire si vous lui demandez de ne pas parler.

Comment procéder avec le type silencieux:

Laissez-lui savoir que vous ne réagirez pas négativement quoi qu'il arrive. Encouragez-le à parler, posez-lui des questions qui n'exigent pas de réponses précises et lorsqu'il s'ouvre à vous, écoutez attentivement sans l'interrompre. S'il ne vous répond pas, posez de nouveau la question et restez silencieux. Laissez-lui le temps de répondre et valorisez son opinion.

8. Le type je-sais-tout

Bien informé, fort, actif et compétent, il croit tout savoir. Il pense que son opinion est la meilleure et que les suggestions des autres ne valent rien. En fait, il n'accepte pas les idées des autres. S'il essuie des échecs, il blâme les autres.

Voici comment procéder avec le type je-sais-tout:

Ne le rencontrez pas sans être bien préparé. Écoutez attentivement et expliquez l'autre point de vue. Soyez prêt à faire des compromis, mais ne lui donnez pas raison. Votre but est de l'avoir de votre côté.

9. Le vantard

Il est spécialiste en tout. Il se conduit comme s'il était bien informé alors qu'il ne l'est pas. Pour être admiré de tous, il porte à son crédit des réalisations qui ne sont pas le fruit de son travail. Pour ce faire, il ment et agit comme s'il était un spécialiste.

Comment procéder avec le vantard :

Faites-lui comprendre qu'il ne devrait pas prendre toutes vos paroles personnellement. Exposez les faits et montrez-lui la réalité. Donnez-lui du temps et permettez-lui une sortie honorable. Soyez là pour l'aider à se débarrasser de son complexe de supériorité.

Vous connaissez maintenant les neuf types de personnes difficiles. Est-ce que vous vous retrouvez ou voyez une de vos connaissances dans l'une de ces catégories ? L'important n'est pas la façon dont vous vous y êtes pris avec ces types de personnes dans le passé, mais bien comment vous pouvez leur faire face maintenant. Lisez attentivement cette section. Observez le comportement des autres, remarquez leur style, puis utilisez les techniques qui vous assureront le contrôle ultime.

Communication :
les 20 commandements

«La communication est aux relations humaines
ce que la respiration est à la vie.»

Virginia Satir

COMMENT AMÉLIORER EFFICACEMENT LA COMMUNICATION

1. N'interrompez pas votre interlocuteur. Laissez-le parler.

2. Ne criez pas. Restez calme et adaptez le ton de votre voix.

3. Ne dramatisez pas. Concentrez-vous sur les résultats.

4. Ne vous plaignez pas. Parlez à la personne concernée et trouvez la solution au problème.

5. N'agissez pas comme si vous saviez ce que les gens ressentent et ce qu'ils veulent. Demandez-le-leur.

6. À l'inverse, dites-leur ce que vous ressentez et ce que vous voulez. N'agissez pas comme si les autres le savaient.

7. Ne soyez pas sarcastique. Respectez l'opinion d'autrui.

8. N'insultez ni ne critiquez personne (surtout en public). Parlez-leur en privé, de façon intelligente.

9. Ne vous obstinez pas. Écoutez et expliquez votre point de vue.

10. Ne proférez pas de menaces de congédiement. À long terme, la situation s'envenimera.

11. Ne soyez pas négatif. Soyez ouvert aux suggestions.

12. Ne parlez pas trop et ne faites pas de longs exposés aux gens. Ils en ont eu assez pendant leurs études. Laissez-les participer.

13. Ne prenez aucun parti. Agissez comme médiateur et aidez-les à résoudre leurs problèmes.

14. Ne blâmez pas les autres. En tant que leader, assumez vos responsabilités et recherchez des solutions.

15. Ne vous dérobez pas lorsqu'une personne vient vous parler. Restez et écoutez ou bien suggérez-lui un moment où vous serez disponible.

16. Ne généralisez pas en utilisant des mots tels que toujours, jamais, tout; ces mots sonnent faux parce que personne n'est à l'abri de l'erreur. Soyez plus précis.

17. N'utilisez pas des mots tels que devrait et doit. Employez plutôt quand et comment.

18. Rayez de votre vocabulaire les quatre mots négatifs suivants:

   Mais: ce mot annule tout ce qui a été dit précédemment. À la place, utilisez la conjonction «et» pour relier vos phrases.

   Pourquoi: ce mot cherche des causes plutôt que des solutions. Utilisez le mot «quoi».

   Si: ce mot a une connotation d'incertitude et implique la condition: si... alors. Utilisez le mot «quand».

   Essayez: ce mot suppose un engagement qui n'est pas total. À la place, dites «Je vais le faire».

19. Ne rabaissez pas les gens. Valorisez-les.

20. Ne soyez pas insensible aux problèmes personnels de vos employés. Montrez-leur que vous comprenez et que vous vous sentez concerné.

Ces règles vous sont-elles familières? Lisez-les de nouveau et cochez celles qui traduisent votre façon de communiquer. Si vous intégrez ces règles à votre comportement, vous deviendrez un excellent communicateur.

Communication : les 10 règles à suivre

«Ma méthode consiste à trouver le bon mot dans la plus difficile des situations et de le dire avec la plus grande délicatesse.»

George Bernard Shaw

MAINTENANT QUE VOUS SAVEZ CE QUE VOUS NE DEVEZ PAS FAIRE, VOICI LE MOMENT D'APPRENDRE CE QUE VOUS DEVEZ FAIRE.

1. Communiquez avec les gens en utilisant leur nom. Ils seront flattés.

2. Écoutez les gens et encouragez-les à parler.

3. Félicitez-les et reconnaissez leurs performances.

4. Expliquez ce que vous voulez et partagez ce que vous ressentez.

5. Pardonnez et oubliez ; tournez la page rapidement.

6. Ayez toujours le sourire même lorsque cela vous semble difficile. Faites l'effort de sourire.

7. Soyez amical et plaisant. Laissez vos problèmes personnels à l'extérieur du bureau.

8. Sachez respecter le caractère confidentiel des renseignements qui sont d'ordre privé.

9. Allez rencontrer vos employés dans leur bureau ou à leur lieu de travail. Ils se sentiront plus importants.

10. Invitez-les à dîner de temps en temps.

◆

Agissez en leader!

◆

33 Comment agir avec les hypocrites

«Son sourire de vainqueur cachait en fait
un comportement de perdant.»

George C. Scott

D es personnes à deux faces, il y en a partout. Elles passent leur temps à parler dans le dos des autres. Voici comment vous comporter avec ces personnes.

1. Rencontrez la personne face à face et demandez-lui si elle aime son travail. Vous obtiendrez vraisemblablement une réponse positive.

2. Demandez-lui ce qu'elle pense de vous. Encore une fois, vous obtiendrez sans doute une réponse positive.

3. Confrontez la personne avec un fait concret. Par exemple : «J'ai entendu dire que vous aviez dit...» et d'un ton ferme, dites-lui d'arrêter. Regardez-la et demandez-lui «Est-ce que vous écoutez ? La prochaine fois que vous aurez quelque chose à dire à mon sujet, venez m'en parler directement.»

4. Si la situation se reproduit, si vous avez des témoins et, qui plus est, êtes certain que l'attitude de cette personne peut nuire aux résultats et au rendement de l'équipe, rencontrez-la de nouveau. Soyez ferme. Confrontez-la et répétez-lui «Je veux que vous arrêtiez». La personne cessera ou se trouvera une autre victime.

34 Comment éviter les rumeurs

«Le meilleur menteur est celui qui fait parcourir
le plus grand chemin au plus petit mensonge.»

Samuel Butler

Lorsque j'étais directeur général dans le domaine de
l'hôtellerie, j'avais l'habitude d'être la cible de rumeurs.
N'oubliez pas qu'en tant que patron vous êtes la cible
parfaite des rumeurs. Voici ce que j'ai fait.

1. J'ai convoqué mon équipe à une réunion.

2. J'ai parlé de la rumeur et contre-attaqué en mentionnant que
   la rumeur était fausse. Je leur ai expliqué en quoi elle était
   fausse et je leur ai dit la vérité.

3. J'ai immédiatement pris des mesures pour faire disparaître la
   rumeur.

4. Si la rumeur se révélait plus grave, je convoquais alors une
   réunion générale avec tous les employés et je leur disais la
   vérité.

Toutefois, vous pouvez ne pas tenir compte de la rumeur. Tout
dépend de sa gravité.

Comment gérer les conflits entre deux membres d'une équipe de travail

«Agissez toujours correctement, cela satisfait
certaines personnes et surprend les autres.»

Mark Twain

Vous n'êtes pas sans savoir que des conflits en milieu de travail peuvent à l'occasion ébranler toute l'équipe si vous laissez traîner les choses. Voici comment gérer les conflits.

1. La première chose à faire est de réunir les personnes qui sont en conflit pour qu'elles discutent du problème et trouvent les solutions.

2. Si c'est un échec, demandez-leur de trouver quelqu'un qui a leur confiance à toutes deux pour être médiateur. Ces deux personnes devraient alors accepter la solution du médiateur.

3. Si la médiation échoue, organisez un rendez-vous à votre bureau ou invitez les deux personnes pour le lunch et faites-leur part de vos intentions au cours de cette réunion et pas avant.

4. Rappelez le bon rendement qu'elles ont eu dans le passé.

5. Décrivez le problème et son influence sur le reste de l'équipe et sur les résultats de celle-ci.

6. Écoutez sans interrompre. Faites respecter celui qui s'exprime.

7. Demandez que chacun vous fasse part de sa solution et exprimez votre opinion.

8. Offrez votre aide. Assurez-vous que toutes les parties comprennent et approuvent la solution. Invitez-les à verbaliser cette entente.

9. Montrez le revers de la médaille, c'est-à-dire les conséquences d'un statu quo.

10. Remerciez toutes les parties en cause.

11. Suivez de près l'évolution de la situation.

36 L'ultime secret de la communication

«Tout le monde respire et communique.
La question est de savoir quels sont les buts
qu'on veut atteindre et comment y parvenir.»

Virginia Satir

Voici, selon moi, le moyen le plus efficace pour développer et maintenir de bonnes relations avec tout le monde, même avec les personnes les plus difficiles.

1. Observez votre interlocuteur, soyez en harmonie avec lui et devenez le leader.

Remarquez les prédicats de l'autre personne, son langage corporel, le ton de sa voix, son langage et ses expressions. Prenez-la comme modèle et utilisez son système de représentation, qu'il soit visuel, auditif ou kinesthésique. Suivez le même rythme pendant un moment, puis commencez à mener la discussion pour établir une parfaite harmonie au niveau de l'inconscient.

2. Écoutez attentivement sans interrompre.

Un interlocuteur vous a-t-il déjà interrompu pour terminer votre phrase? Comment vous êtes-vous senti? Vous savez, si nous avons deux oreilles et une seule bouche, n'est-ce pas, comme nous l'avons déjà mentionné, pour nous permettre d'écouter deux fois plus et de parler deux fois moins? À cet égard, Publius Syrus a dit: «J'ai souvent regretté mes paroles, jamais mon silence.» Dans le même ordre d'idées, «laissez l'imbécile tenir sa langue et il passera pour un sage». L'écoute est très importante en ce sens qu'elle vous permet non seulement de comprendre ce que la personne vous dit mais aussi d'être en harmonie avec elle. Encouragez-la à parler en posant des questions auxquelles elle ne peut pas répondre seulement par un oui ou par un non. Si cela ne semble pas poser de problèmes, prenez des notes.

3. Souriez.

Le sourire est contagieux. Prenez l'habitude d'afficher un sourire chaleureux, il aura pour effet de détendre votre interlocuteur. Selon un proverbe chinois, «un homme qui ne sourit pas ne devrait pas être en affaires». Alors, peu importe ce qui se passe, gardez le sourire même si ce n'est pas facile. Mais comme William James, de l'Université d'Harvard, l'a conseillé : «Agissez comme si vous le pouviez et vous le pourrez.»

4. Maintenez le contact avec les yeux.

Nombreux sont ceux qui ne comprennent pas la signification du contact avec les yeux. Pour certains, soutenir le regard est dérangeant et même impoli. Pour d'autres, il est préférable d'utiliser la stratégie du mouvement des yeux de la personne. Mais si cette personne regarde constamment autour d'elle ? Dans la méditation, on prescrit de fixer le troisième œil, situé au milieu du front. Je trouve que le meilleur moyen de garder le contact avec les yeux est de balayer son regard d'un œil vers l'autre, puis vers le centre du visage.

5. Appliquez les principes de la programmation neurolinguistique.

La programmation neurolinguistique présume que tout comportement a une intention positive. Ainsi, si vous demandez à un voleur pourquoi il a volé, il pourrait vous répondre : «Parce que je voulais acheter une voiture, faire un voyage, acheter une maison et être heureux». N'est-ce pas ce que désire tout être humain ? Ses intentions étaient bonnes, mais par son comportement et les méthodes qu'il a utilisées pour atteindre ses objectifs, il s'est retrouvé en prison ! Ainsi, lorsqu'une personne n'est pas d'accord avec vous ou même vous insulte, portez plutôt attention à ses intentions, ne vous laissez pas aveugler par ses paroles et son comportement. D'ailleurs, selon Albert Morabian, «les mots ne représentent que 7 % de la communication.»

6. Faites preuve d'empathie.

Il existe une grande différence entre avoir de l'empathie et avoir de la sympathie. Lorsque vous sympathisez avec une personne, vous reconnaissez ses sentiments, mais quand vous éprouvez de l'empathie pour quelqu'un, vous exprimez de l'intérêt, vous vous souciez de ce que cette personne ressent. Dans ce cas, vous utilisez des expressions telles que «je comprends, j'apprécie, je suis sûr que vous avez une bonne raison pour agir de la sorte».

7. Clarifiez les situations confuses.

Lorsqu'on est fâché, on a normalement tendance à généraliser nos propos de sorte qu'on utilise des mots comme tout, toujours, jamais ou des phrases telles que «Ils me font toujours le coup» ou «Tous les clients pensent comme moi». Vous devez encourager la personne fâchée à être plus précise dans ses propos. Il est possible de clarifier la situation en posant la question suivante : «Quelle situation ou quel élément précis vous met dans cet état ?» En utilisant le mot précis, vous obtiendrez une information plus détaillée.

8. Paraphrasez.

La paraphrase consiste à répéter les propos d'une autre personne en utilisant vos propres mots. Ainsi, en paraphrasant votre interlocuteur, vous pouvez voir si vous avez bien compris ce qu'il a dit, lui donnant du même coup la possibilité de confirmer que c'est bien ce qu'il a dit. Par exemple : «Si je comprends bien, vous vouliez dire que...» Puis attendez que votre interlocuteur vous réponde par l'affirmative.

9. Isolez les problèmes.

Lorsqu'un employé vient vous voir pour discuter d'un problème, isolez la situation. Demandez-lui s'il a d'autres préoccupations en plus de ce problème. Ainsi, vous ferez d'une pierre deux coups en découvrant deux problèmes à la fois. Sinon, vous aurez plus d'un problème à régler.

10. Sollicitez des solutions.

Amenez la personne à trouver la solution à son problème. Évitez de résoudre le problème à sa place, car elle pourrait revenir vous voir dans d'autres situations similaires et ainsi dépendre de vous pour résoudre tous ses problèmes. Demandez-lui plutôt: «Comment verriez-vous la situation?» ou «Que recommanderiez-vous?».

11. Offrez votre aide.

Vous pouvez aider un employé à considérer les différentes options et à voir la situation dans une optique différente. Vous pouvez lui dire par exemple: «Avez-vous pensé à cette approche?» ou «Voudriez-vous que je vous montre une autre façon de voir?»

12. Concluez et faites un suivi.

Lorsque la personne est satisfaite de la solution trouvée, résumez le tout et assurez-vous qu'elle comprend parfaitement. Puis remerciez-la et mettez fin à la conversation. Ensuite, faites un suivi de ce qui a été décidé et dressez un échéancier pour pouvoir surveiller la situation et le comportement de la personne.

Ainsi, en mettant en pratique ce que vous avez appris dans ce chapitre, vous constaterez peu à peu que votre façon de communiquer avec les autres s'améliore. Vous serez plus calme, vous vous rendrez compte que vous avez plus d'un choix et vous serez en mesure de contrôler les situations qui se présenteront. Selon le docteur John Grinder, l'un des cofondateurs de la programmation neurolinguistique, «La personne qui a le plus de souplesse sera en mesure de contrôler la situation.»

◆

Devenez
un excellent
communicateur!

◆

LA PLANIFICATION DES OBJECTIFS

Le chemin
de la réalisation de soi
et du bonheur

«La vie a ceci de particulier :
si vous n'acceptez que le meilleur,
c'est souvent ce que vous obtiendrez.»

Somerset Maugham

37 Choisir sa voie

> «L'homme qui sait où il va trouve son chemin.»
>
> *Ralph W. Emerson*

Dans *Alice au Pays des merveilles,* de Lewis Carrol, Alice demande au chat du Cheshire «Pourrais-tu m'indiquer le chemin que je dois emprunter?» «Cela dépend de l'endroit où tu veux aller», répond le chat. «Peu m'importe l'endroit», dit Alice. «Alors peu importe la route que tu prendras», réplique-t-il.

Il faut connaître son but pour pouvoir y parvenir. Une vérité toute simple, mais pas très bien comprise! Avez-vous des buts? Vous devez penser: «Quelle drôle de question! Bien sûr que j'ai des buts.» Mais avez-vous des objectifs précis, planifiés selon un échéancier? Les avez-vous consignés par écrit? Avez-vous fixé des délais pour la réalisation de chaque objectif? Si vous répondez par l'affirmative, alors vous faites partie des 3 % de la population qui le font.

Nous avons tous un rêve, un but ou une fantaisie. La différence, c'est que certaines personnes réaliseront leurs rêves, d'autres pas. Pour certains, la vie est une habitude. Ils vont travailler aujourd'hui parce qu'ils y sont allés hier. Leurs principaux objectifs se limitent à se demander comment ils vont payer leurs factures, ce qui passe à la télévision ce soir ou ce qu'ils vont manger. Ces personnes croient que la réussite est le fruit de la chance, qu'elle ne repose pas sur l'honnêteté. Elles se contentent de courir toute la journée pour gagner leur vie au lieu de créer leur vie.

Deux savants ont fait une expérience qui consistait à découvrir, par le biais d'une course entre deux rats, lequel serait le plus rapide, le plus intelligent et aurait le meilleur sens de l'orientation.

Pour ce faire, ils ont privé les deux rats de nourriture pendant deux jours. Puis les savants ont placé les rats dans une boîte transparente dans laquelle un labyrinthe menait à un morceau de fromage. Le rat qui gagnait la course était récompensé par le morceau de fromage. Le comportement des humains n'est pas si différent de celui des rats. Nous courons continuellement dans l'espoir d'obtenir un «morceau de fromage», nous faisons les mêmes choses jour après jour, en vivant en deçà de notre potentiel.

> «Un commis ayant un but dans la vie fera l'histoire.
> Un homme sans but ne pourra être qu'un commis.»
>
> *J.C. Penney*

Un jour, j'ai demandé à un gestionnaire d'une PME en électronique «Avez-vous pris des vacances récemment?» Il m'a répondu : «J'ai passé deux semaines merveilleuses à Mexico l'an dernier!» «Qu'est-ce que vous avez fait? Avez-vous planifié vos vacances?», lui ai-je demandé. «Mon épouse et moi avons choisi la destination, puis nous avons fait un budget. Ensuite, nous avons communiqué avec trois agences de voyages pour obtenir de l'information concernant les différents forfaits. Nous avons choisi celui qui nous convenait le mieux et nous sommes partis pour Mexico», a-t-il répondu. «Vous semblez être une personne bien organisée», lui ai-je dit. En souriant, il m'a confié : «Oui, particulièrement pour mes vacances. Je m'assure de ne rien laisser au hasard pour ne pas avoir de surprises ni de désagréments.» Je lui ai alors demandé : «Si vous êtes aussi organisé pour vos vacances, vous êtes-vous fixé des objectifs dans la vie?» Il a répondu : «Non, je n'en ai pas le temps. Et puis, je sais ce que je veux. Tout est dans ma tête.» Ce gestionnaire prend le temps de planifier rigoureusement ses vacances pour qu'elles soient un succès, mais n'a pas de temps à consacrer à la réussite de sa vie!

Lors d'une entrevue avec le directeur général d'une entreprise pharmaceutique, je lui ai demandé : «Avez-vous planifié votre vie en fonction d'objectifs précis?» «Je ne crois pas vraiment à ce genre de truc! Je trouve que c'est une perte de temps totale. J'ai participé à toutes sortes d'ateliers et de colloques sur la planification d'objectifs, j'ai lu de nombreux livres sur le sujet et j'ai essayé d'établir un programme d'objectifs, mais cela n'a jamais fonctionné!» m'a-t-il répondu. Alors, je lui ai demandé : «Est-ce que vous feriez un voyage en voiture sans aucune carte routière à bord?» «C'est stupide! Pourquoi prendrais-je ce risque?», a-t-il répondu. «Que feriez-vous normalement dans ce cas?», ai-je demandé. Il m'a dit: «Premièrement, je voudrais savoir où je vais et pourquoi, puis je me procurerais une carte routière et toute l'information dont j'ai besoin, par exemple, la distance et le temps nécessaire pour se rendre à un point donné.» «Qu'arriverait-il si vous entrepreniez ce voyage sans faire ces préparatifs?», ai-je encore demandé. «Je me perdrais. De toute façon, je n'entreprendrais jamais un tel voyage sans une planification rigoureuse!»

Voilà un directeur général qui refuserait de partir en voyage sans carte routière et sans aucune planification, mais qui ne croit pas à l'importance d'une planification pour sa vie. Celle-ci se déroule sans balises, sans direction.

Les gestionnaires ont recours à toutes sortes de plans: plan d'affaires, planification stratégique, planification financière, plan d'expansion et plan de communication. Au cours de leurs réunions, ils révisent leur planification et si besoin est, ils l'adaptent au nouveau contexte. Lorsqu'un problème survient, la lumière rouge s'allume. On confie alors à des consultants la recherche de solutions aux problèmes qui font obstacle à la réalisation du plan, puis on en redéfinit les objectifs. Si vous demandez à un gestionnaire s'il peut gérer sans budget ou sans planification, il vous traitera d'imbécile. Toutefois, s'ils misent beaucoup sur la planification pour assurer la réussite de leurs affaires, les gestionnaires prennent rarement la peine de le faire pour assurer la réussite de leur vie!

Les 5 raisons pour lesquelles 97 % des gens ne se fixent pas d'objectifs

«Un homme sans but est comme un bateau sans gouvernail, tous deux s'écraseront sur les rochers.»

Thomas Carlyle

uatre vingt dix sept pour cent de la population ne se fixe pas d'objectifs pour 5 raisons:

1. La peur

Le principal ennemi de l'homme, c'est la peur! La peur de l'échec, de l'inconnu, du rejet et même la peur de la réussite font souffrir! Pour s'épargner cette souffrance, l'être humain est prêt à tout; la plupart des gens cherchent à éviter cette peur même si elle peut leur être bénéfique. Croyez-vous qu'un enfant de trois ans ait peur de quelque chose? Parfois oui, mais la réponse est habituellement non. À moins d'avoir vécu une expérience traumatisante, les enfants n'ont peur de rien. Si nous ne les arrêtons pas, ils se lancent dans toutes sortes d'aventures: ils jouent avec le feu, grimpent sur des clôtures... et quoi encore! C'est avec l'âge qu'apparaît la peur.

La peur devient une sorte de frein. Elle empêche les adultes de poser des gestes qui pourraient être risqués. À cause des échecs passés et potentiels, ces adultes ont décidé de vivre sans aucune planification. Selon Zig Ziglar, la peur est «une fausse représentation qui semble réelle». À moins d'apprivoiser la peur, nous resterons prisonniers de nos doutes et de nos illusions. Horace a dit à ce propos: «Celui qui vit dans la peur ne sera jamais un homme libre.» Selon Franklin Roosevelt, «les doutes qui nous habitent aujourd'hui sont les seuls obstacles à nos réalisations de demain.»

2. L'image de soi

À ce sujet, Joyce Brothers a déjà mentionné: «Votre attitude dans la vie ne peut être que fonction de l'image que vous avez de vous-même.» Donc, l'image qu'une personne a d'elle-même se reflète dans son attitude, son habillement, ses relations avec les autres et même son mode de vie. Si une personne a une mauvaise image d'elle-même, elle se sent médiocre et croit que la réussite est réservée aux autres! Ces personnes n'ont qu'une idée floue de ce qu'elles veulent. Toutefois, la mauvaise image de soi est un acquis, donc elle peut être changée. Une personne qui ne se débarrasse pas de sa mauvaise image acceptera à peu près n'importe quoi. De plus, la personne ne comprend pas l'importance de planifier ses objectifs et n'essaie même pas de le faire. Larry Kimsey résume bien ce propos: «L'échec le plus grand, c'est de ne jamais essayer.» Et qui plus est, «lorsque vous visez la seconde place, c'est ce que vous obtenez toujours dans la vie», a remarqué John F. Kennedy.

3. La procrastination

«Remettre à plus tard fait perdre du temps», affirme Edward Young. Par exemple, vous vous dites: «La semaine prochaine, je planifierai mes objectifs. Après tout, je n'ai qu'une vie, alors aussi bien la planifier avec soin.» Au moment venu, vous pensez: «Je ne me sens pas très bien aujourd'hui, je le ferai demain». Le lendemain, le temps est superbe et vous pensez encore à remettre votre plan à plus tard. Vous saisissez? Nous n'avons qu'une seule vie et nous croyons à l'importance de fixer des objectifs, mais nous ne prenons pas les moyens de les planifier et de les réaliser.

4. Le doute

Certaines personnes ne croient pas à l'importance de fixer des objectifs. En fait, elles sont persuadées que c'est une perte de temps totale. Elles ont toujours de bonnes raisons pour montrer que c'est inutile et citent l'exemple de gens qui réussissent et qui sont encore sur l'échiquier de la réussite, même s'ils ne croient pas à l'importance d'une planification. Elles ont la même attitude que les fumeurs: ceux-ci connaissent toujours un fumeur qui a réussi à vivre jusqu'à 100 ans! Il est vrai que les personnes comprises dans les 97% qui ne planifient pas n'ont pas toutes échoué dans la vie; mais la majorité ont à faire face à plus de difficultés que celles qui, prévoyantes, ont choisi de se fixer des buts. C'est surtout notre façon de considérer la planification d'objectifs qui nous amène à vivre avec ou sans planification. Comme le dit si bien William Shakespeare: «Rien n'est bon ou mauvais en soi, c'est la réflexion qui transforme les choses en bon ou en mauvais.»

5. Le savoir-faire

Certaines personnes souhaiteraient vraiment établir un programme organisé d'objectifs, mais elles ne savent pas comment! Fidèles à elles-mêmes, elles ne prennent pas les moyens nécessaires pour apprendre à faire une planification. J'ai un ami qui, plusieurs fois, m'a dit que son rêve était de devenir comédien, mais jamais je ne l'ai vu poser le moindre geste pour réaliser ce rêve. Donc, son rêve reste à l'état de rêve. Quand je lui ai demandé «Pourquoi ne fais-tu pas quelque chose?», il m'a répondu: «Je ne sais pas comment m'y prendre.» Ainsi, à moins d'apprendre à planifier et à réaliser nos buts, nous sommes prisonniers du «Je ne sais pas comment faire». D'ailleurs, comme l'a dit Zig Ziglar: «Les autres peuvent vous empêcher d'avancer temporairement, mais vous êtes la seule personne à pouvoir le faire de façon permanente.»

Dans ce chapitre, vous apprendrez tout ce que vous devez savoir sur la façon de fixer des objectifs en vue d'obtenir ce que vous méritez: la médaille d'or.

39 Les 5 avantages de la définition d'objectifs

«Les objectifs ne sont pas seulement nécessaires pour nous motiver, ils sont notre raison de vivre.»

Robert Schuller

1. La maîtrise de soi

Lorsque nous avons un plan organisé et équilibré qui couvre toutes les facettes de notre vie, peu importe ce qui arrive, nous sentons que nous maîtrisons mieux notre vie, notre destinée, que nous sommes plus en mesure de prendre une direction donnée et d'aller jusqu'au bout en temps voulu. Cette maîtrise de soi nous permet d'affronter les obstacles qui se présentent lorsque nous prenons de plus gros risques. «Un des grands plaisirs de la vie est de faire quelque chose que les gens nous croient incapables de faire», disait Walter Gagehat.

2. La confiance

La confiance est proportionnelle à la maîtrise de soi. Plus nous avons le sentiment de maîtriser notre vie et plus nous avons confiance en nous-même et dans nos objectifs. Cette confiance en nous-même nous mène à poser des gestes, à réaliser de plus grandes choses et à croire à la réalisation de nos buts et de nos rêves. Personne ne viendra se mettre en travers du chemin de celui qui maîtrise sa vie et qui a confiance en lui-même. Archimède abonde dans le même sens: «Donnez-moi un point d'appui et je soulèverai le monde.»

3. L'autovalorisation

Le fait d'atteindre un de vos objectifs vous rendra plus confiant, vous croirez davantage en votre talent et, en peu de temps, vous vous sentirez de plus en plus valorisé. Bref, vous vous estimerez davantage. Vous serez en mesure de combattre les obstacles occasionnels grâce à l'expérience, à la confiance et à la maîtrise acquises, et ce, jusqu'à ce que vous atteigniez vos objectifs. Votre esprit s'élargira pour faire place à votre nouvelle sagesse. D'ailleurs, Oliver Wendell Holmes ne dit-il pas: «Une fois élargi par une idée nouvelle, l'esprit de l'homme ne reprend jamais sa dimension originale»?

4. La gestion du temps

À mesure que vous vous rapprochez de la réalisation de vos objectifs, fixez-vous un échéancier pour ne pas les perdre de vue. En effet, plus vous désirez atteindre vos objectifs et plus vous devez être prudent quant à la façon de gérer votre temps. D'ailleurs, la gestion du temps et la planification des objectifs vont de pair. Vous ne pouvez accomplir l'un sans l'autre.

> «Vos objectifs doivent suivre un échéancier;
> avec le temps, vous serez en mesure de les
> atteindre. C'est exactement comme le ciel
> et les étoiles, ils forment un tout.»
>
> *Ibrahim Elfiky*

5. L'amélioration de la qualité de vie

Lorsque vous aurez planifié vos objectifs de façon équilibrée, vous serez à même de vous concentrer sur eux; votre qualité de vie s'en trouvera améliorée. Votre motivation et votre énergie seront plus grandes, vous obtiendrez des résultats d'ordre financier et, plus important encore, vous serez plus heureux.

40 Les 4 facettes de la planification des objectifs

«Si on ne sait pas où l'on va, il est probable qu'on se retrouvera ailleurs.»

David Campbell

L e secret d'une vie équilibrée repose sur l'épanouissement de quatre facettes principales : la vie personnelle, la vie professionnelle, la situation financière et l'état de santé. Si l'une de ces facettes est affectée, toutes les autres le seront également.

Voici donc les quatre facettes dont il faut tenir compte dans la planification des objectifs :

1. La vie personnelle

Cette facette comprend tout ce qui touche les relations avec les autres, la famille, le mariage, l'amitié, les vacances, les voyages, une nouvelle voiture, etc.

2. La vie professionnelle

Elle inclut la formation, les diplômes, le rendement au travail ou une promotion ; il peut s'agir de gagner le respect de ses pairs, d'acquérir de nouvelles compétences, de chercher un nouvel emploi ou de réorienter sa carrière.

3. La situation financière

Elle englobe la stabilité financière, les régimes de retraite, les investissements ou bien l'achat d'une entreprise.

4. L'état de santé

Il s'agit ici non seulement de la santé physique, du mode de vie, du programme d'exercices ou du régime, mais de la santé mentale et de la capacité de l'individu à gérer son stress.

Par exemple, Elvis Presley était riche, célèbre et séduisant; il pouvait avoir tout ce qu'il voulait. Aux yeux des autres, Elvis avait tout pour être heureux. Sur les plans financier, professionnel et de la santé, tout allait pour le mieux, mais il n'en allait pas de même pour sa vie personnelle et celle-ci a influé sur les autres facettes. Vous connaissez la suite... Ce fut la même chose pour Marilyn Monroe, la célèbre chanteuse Dalida et bien d'autres.

Si l'une des facettes est touchée, les effets se feront sentir sur les autres qui, à leur tour, affecteront l'individu; celui-ci finira par être malheureux. C'est comme essayer de se maintenir en équilibre sur une chaise à trois pieds. Inévitablement, on se retrouve sur le plancher.

«Chez l'homme, l'éducation détermine la vie.»

Platon

Le bonheur repose sur l'équilibre des quatre facettes. Peut-être vous demandez-vous comment vous pouvez maintenir l'équilibre entre les quatre facettes de votre vie. Voici la réponse.

1. Observez et prenez des notes.

À l'occasion, nos gestes ont quelque chose d'automatique; nous ne portons pas attention à ce que nous faisons. Par exemple, avez-vous déjà laissé vos clés à un endroit donné sans pouvoir vous souvenir où vous les aviez mises? C'est ce que l'on appelle la distraction. Alors que vous cherchez vos clés partout dans la maison, vous vous rappelez tout à coup qu'elles doivent être dans la cuisine. Puis votre conjointe vous demande ce que vous cherchez, et d'une voix impatiente, vous répondez: «Mes clés! Je les ai laissées dans la cuisine et maintenant je ne les trouve nulle part. Quelqu'un a dû les prendre.» Finalement, votre conjointe trouve les clés. Au bureau, avez-vous déjà cherché vos dossiers ou vos rapports? Les psychologues appellent «scotomisation» cette lacune de la mémoire, ce déni de la réalité. En fait, vous scotomisez. C'est que, de façon inconsciente, vous saviez où étaient vos clés, mais parce que vous n'avez pas porté attention à ce que vous faisiez, une commande ancrée dans le subconscient vous dictait de ne pas les trouver. Ainsi, même si elles avaient été en face de vous, vous ne les auriez pas trouvées.

Nous passons par quatre niveaux d'apprentissage :

a) L'incompétence inconsciente : votre inconscient ne sait pas comment effectuer une tâche particulière. Comme cette dernière n'est pas emmagasinée dans l'inconscient, elle n'existe pas.

b) L'incompétence consciente : vous savez qu'une tâche existe et vous essayez d'apprendre à l'exécuter. Comme vous n'êtes pas encore compétent, vous continuez d'apprendre pour être capable de l'effectuer.

c) La compétence consciente : à ce niveau, vous êtes en mesure d'effectuer facilement une tâche. Vous vérifiez pour voir si tout est correct, mais comme vous connaissez bien votre travail et que vous prenez de l'expérience, vous devenez plus compétent.

d) La compétence inconsciente : à ce dernier niveau, votre subconscient devient compétent. La tâche à effectuer est programmée dans la mémoire à long terme et vous permet de l'effectuer de façon automatique, sans même y penser.

Prenons, par exemple, la conduite automobile. La première fois que vous avez conduit une auto, vous ne maîtrisiez pas tout le processus. Maintenant, vous le faites sans même y penser.

Du fait que nous ne portons pas attention à ce que nous faisons dans la vie, nous pouvons passer à côté de beaucoup de choses. Lorsque nous travaillons très fort toute la journée, nous ne nous soucions pas de notre santé ni de nos relations avec notre famille. L'attention et l'observation sont les premiers facteurs qui nous permettent de maintenir l'équilibre entre les quatre facettes.

2. Posez les bonnes questions.

De la même façon que lorsque vous concevez un plan d'affaires, interrogez-vous sur votre vie personnelle. Voici quelques questions que vous pouvez vous poser.

a) Où en suis-je maintenant? Si tout ne va pas pour le mieux dans vos relations avec les autres, dans votre travail, dans votre situation financière ou au sujet de votre état de santé, observez, soyez attentif, puis passez au point *b*.

b) Qu'est-ce que je veux? En répondant à cette question, vous entrez dans le processus de solution et êtes en voie de trouver l'équilibre entre vos quatre facettes. Vous pourriez vouloir améliorer votre état de santé, avoir une meilleure communication avec vos enfants, votre conjointe, votre patron, vos employés; vous pourriez aussi désirer gagner davantage d'argent, acheter une nouvelle voiture ou avoir un emploi plus intéressant. Après avoir répondu à cette question, vous pouvez passer au point suivant.

c) Quand est-ce que je veux atteindre telle chose? Votre réponse pourrait être: maintenant, la semaine prochaine ou dans un an. Peu importent les délais que vous vous fixez, vous êtes dans la bonne direction pour aller encore plus loin. Vous êtes mûr pour le point *d*.

d) Comment vais-je atteindre mon objectif? Il s'agit maintenant de chercher des façons de parvenir à vos buts. Ces moyens pourraient prendre la forme d'un cours pour apprendre à parler en public ou à donner du pep à vos réunions. Vous pourriez inviter votre supérieur au restaurant pour améliorer vos relations, vous pourriez devenir membre d'un centre sportif et vous entraîner trois fois par semaine! Peu importent les moyens, vous êtes sur la bonne voie. Rendez-vous à présent au point *e*.

e) Qu'est-ce que je fais maintenant pour obtenir ce que je veux? Si vous vous posez cette question, c'est que vous êtes prêt à passer à l'action pour atteindre votre but. Alors, faites cet appel téléphonique important, invitez votre patron pour le lunch ou inscrivez-vous à votre centre sportif préféré. Se fixer des objectifs est très important, mais les réaliser l'est encore plus.

Commencez dès aujourd'hui. Observez, portez attention et examinez votre vie à la loupe. Comme l'a dit Platon: «Une vie à laquelle l'examen fait défaut ne mérite pas qu'on la vive.» Posez-vous ces questions importantes et agissez immédiatement, sans revenir en arrière.

Lorsque vous aurez mis en pratique ce qui précède, vous vous classerez parmi les femmes et les hommes qui réussissent le mieux dans le monde et vous pourrez jouir d'un bonheur et d'un équilibre sans pareils.

41 ▸ Les 3 types d'objectifs

«Seuls les grands hommes réalisent de grandes
choses, et seuls les hommes déterminés à l'être
deviennent de grands hommes.»

Charles De Gaulle

L orsqu'on se fixe des objectifs, il est important de faire la distinction entre ceux qui ont une fin et ceux qui ont une
continuité. Par exemple, perdre 10 livres ou trouver un
emploi sont des objectifs qui ont une fin, qui trouvent un aboutis-
sement une fois qu'ils ont été réalisés. Se bâtir un mode de vie,
planifier une carrière ou vivre une relation sont des objectifs qui
présentent une continuité. Nous devons nous assurer d'avoir des
objectifs qui ont une continuité. Fixez-vous des objectifs qui feront
partie intégrante de votre vie. Voici trois principaux types d'objectifs.

1. L'objectif à court terme

Ce type d'objectif peut s'échelonner sur une période de
15 minutes ou d'un an. Par exemple, cela peut être ce que vous
voulez faire à une prochaine réunion, un rapport ou un projet
important que vous devez préparer, une inscription à un cours, un
voyage ou des économies que vous voulez faire. Les objectifs à
court terme vous habitueront à définir des objectifs.

2. L'objectif à moyen terme

Il peut s'échelonner sur une période de cinq ans. Dans cette
catégorie, nous retrouvons l'obtention d'un diplôme, la prochaine
étape dans la carrière ou le changement de voiture. Les objectifs à
moyen terme représentent une suite logique des objectifs à court
terme, en ce sens qu'ils amènent la personne à réaliser ses objectifs.

3. L'objectif à long terme

Ce type d'objectif s'échelonne sur une période de 25 ans. Il s'agit ici de concevoir un mode de vie, de déterminer l'endroit où l'on veut vivre ou de développer les relations avec la famille.

Voici, selon les différents types, un aperçu des objectifs que je me suis fixés pour devenir directeur général.

a) Les objectifs à court terme

• Décrocher un emploi dans un hôtel cinq étoiles, peu importe l'emploi. J'ai été plongeur.

• Étudier dans le domaine de l'hôtellerie pendant une année. J'ai reçu une attestation d'études de l'Institut d'hôtellerie du Québec, dans le domaine du service.

b) Les objectifs à moyen terme

• Devenir un gérant de service. Je suis devenu le gérant de la salle à manger.

• Obtenir un diplôme dans le domaine de l'hôtellerie. Je l'ai obtenu.

• Obtenir un diplôme en comportement humain. Je l'ai obtenu.

• Parler couramment le français et l'anglais. Je parle ces deux langues couramment.

c) Les objectifs à long terme

• Devenir directeur général dans un grand hôtel. Cela s'est concrétisé en 1987.

• Obtenir les trois plus hautes distinctions dans le domaine de l'hôtellerie. Je les ai reçues.

• Être connu et reconnu, recevoir une récompense dans mes études. L'American Hotel and Motel Association et l'American Home Study Council m'ont décerné le prix du meilleur étudiant du cours par correspondance en 1990.

J'ai poursuivi mes études et j'ai gravi les échelons dans le domaine de la gestion jusqu'à ce que je décide de mettre sur pied mon entreprise. J'ai donc recommencé tout le cycle.

Avec un important bagage d'instruction et d'expérience, je réalise maintenant mes rêves. Même si je dois faire face chaque jour à d'importants défis, ce sont les défis que je me suis lancés!

Comme vous le remarquerez, rien ne vient tout seul. Les objectifs ont ceci de particulier qu'ils ne se concrétisent pas tant que vous ne les planifiez pas, que vous ne passez pas à l'action pour les réaliser. À ce propos, Washington Irving a dit : «Les grands hommes ont des objectifs, les autres n'ont que des souhaits.» Définissez un objectif, concevez un échéancier et n'abandonnez pas. Pour reprendre les paroles de Winston Churchill, «Ne vous rendez jamais... jamais... n'abandonnez jamais.»

42 Se fixer des objectifs : 13 étapes

«Le bonheur repose sur la qualité des objectifs
que nous nous fixons.»

Earl Nightingale

1. Sachez ce que vous voulez.

Selon Douglas Lurtom, «dans la vie, la décision la plus importante est de déterminer ce que l'on veut.» Il est impossible d'atteindre un objectif si celui-ci n'est pas clairement défini. Comme nous l'avons vu, la réussite de toute personne commence par un rêve. Puis on passe à l'action en vue de réaliser son rêve. Et vous, quel est votre rêve? Qu'est-ce que vous désirez être? Qu'est-ce que vous voulez? Que souhaiteriez-vous faire plus que tout au monde? Vous souhaitez améliorer votre vie avec votre conjointe ou vos relations avec les autres ou mettre sur pied votre entreprise? À ce propos, Denis Waitely a écrit dans *The Joy of Working* : «Pour avancer, vous devez d'abord savoir où vous allez».

2. Fixez-vous un but précis, réaliste et important.

Souvenez-vous de l'homme assis devant la cheminée qui disait: «Donne-moi de la chaleur et je te donnerai du bois.» Son attente a été longue. Même si son but était clair et précis — avoir de la chaleur — son but était irréaliste puisqu'il devait en premier avoir du bois pour faire du feu. Donc, non seulement votre but doit-il être clair et précis, mais il doit être réaliste.

3. Soyez très déterminé.

Un jour, un jeune homme demanda à un sage le secret de la réussite. Alors, le sage apporta un seau rempli d'eau, demanda au jeune homme de regarder dans l'eau et lui plongea la tête dans le seau d'eau. Durant les premières secondes, le jeune homme ne bougea pas, puis il commença à se débattre et finalement, n'ayant presque plus d'oxygène, il poussa le sage avec toute la force qui lui restait pour se libérer. Il cria au sage : «Pourquoi avez-vous fait cela ? Vous vouliez me tuer ?» Le sourire aux lèvres, le sage lui demanda : «Qu'as-tu appris ?» «Rien», répondit le jeune homme. «Tu as appris quelque chose, répliqua le sage. Durant les premières secondes, tu voulais réussir à te tirer de là, mais pas assez et tu n'as à peu près pas bougé. Puis tu as voulu à tout prix te sortir de l'eau, alors tu as utilisé ta force et ton imagination et tu es passé à l'action. Vouloir réussir, voilà le secret de la réussite.»

4. Visualisez.

Lorsque vous savez ce que vous voulez et êtes déterminé à le réaliser, il vous faut «vendre» cette idée à votre subconscient. C'est ici qu'entre en jeu la visualisation, qui fait le lien entre le conscient et le subconscient. Albert Einstein n'a-t-il pas dit que «l'imagination est plus importante que le savoir !» Ajoutons les propos suivants de George Bernard Shaw : «L'imagination est la première étape de la création.» Imaginez fortement votre objectif comme s'il était réalisé. Plus vous vous verrez en train d'atteindre votre objectif, plus celui-ci sera fixé profondément dans votre subconscient et s'ancrera davantage en vous. En métaphysique, on dit que l'esprit ressemble à un aimant. En visualisant votre objectif, vous magnétisez les gens, les situations et les circonstances qui vous permettront de le réaliser. Imaginez votre objectif jusqu'à ce qu'il devienne partie intégrante de vous-même.

5. Prenez la décision.

Récapitulons. Vous savez maintenant ce que vous voulez et vous êtes convaincu de la valeur de votre objectif; celui-ci est précis et réaliste. Vous êtes déterminé à l'atteindre et vous vous imaginez déjà en train de le réaliser. Le moment est venu de prendre une décision éclairée qui vous permettra d'atteindre cet objectif. Faites part de votre décision à votre entourage et à ceux dont l'appui vous est assuré. Dès le moment où vous décidez consciemment d'un objectif précis, vous êtes déjà sur la bonne voie pour l'atteindre; c'est une décision déterminante pour votre avenir.

6. Consignez vos objectifs par écrit.

Selon Lee Iacocca, «la rédaction des objectifs est la première étape de leur réalisation.» Quant à Brian Tracy, il a écrit que «tout commence avec un crayon, du papier et vous-même». En rédigeant vos objectifs, vous mettez à contribution deux forces de l'être humain:

a) La force physique: en tenant le crayon et en vous servant de vos mains;

b) La force mentale: en réfléchissant à vos objectifs, en les examinant et en les lisant. Vous entendez en vous une voix qui les répète; vous ressentez alors une paix intérieure. La rédaction de vos objectifs est une autre façon de démontrer que vous le voulez vraiment et que vous pouvez le faire.

7. Fixez-vous un échéancier.

Pouvez-vous imaginer un instant un match de soccer sans limite de temps? Le match serait éternel! En établissant un échéancier pour réaliser vos objectifs, vous vous sentirez plus concerné et serez plus motivé à respecter les délais. Établir un échéancier réaliste qui correspond à vos capacités est tout aussi important.

8. Repérez les ressources.

Quelles sont vos ressources? Dans quels domaines excellez-vous? Vos ressources peuvent provenir de l'une des quatre facettes que nous avons vues plus haut: votre niveau de scolarité, votre expérience, votre situation financière, l'appui d'un ami ou de votre famille sont des ressources. Dressez une liste de toutes vos ressources et de toutes les personnes qui pourraient vous aider sans vous juger. Puis recensez les ressources que vous avez ou celles dont vous avez besoin pour atteindre vos objectifs.

9. Affrontez les obstacles.

Un touriste observait un pêcheur qui utilisait une règle en bois. Chaque fois qu'il attrapait un poisson, le pêcheur le mesurait, gardait les petits poissons et rejetait les gros à la mer. Le touriste vit le pêcheur faire cela plusieurs fois. Curieux, il lui demanda: «Pourquoi gardez-vous les petits poissons et rejetez-vous les gros dans la mer?» Le pêcheur sourit et lui répondit:

«Chaque fois que je rejette un gros poisson, cela me brise le cœur, mais j'y suis obligé, car ma poêle à frire n'a que 10 pouces de diamètre.» Le pêcheur savait qu'il avait un problème, mais plutôt que de le résoudre, il continuait de rejeter les plus gros poissons.

Un grand nombre d'entreprises ont périclité parce qu'elles ont surestimé les problèmes, ou au contraire parce qu'elles ne croyaient même pas en avoir ou ne pensaient pas obtenir des résultats moindres. Acceptez les problèmes, prévoyez-les et cherchez les solutions. De cette manière, vous serez mieux préparé pour y faire face. Comme l'a dit Terry Bechol: «Dans la vie, ce n'est pas le nombre de fois où vous êtes tombé qui compte, mais plutôt le nombre de fois où vous vous êtes relevé.»

10. Agissez.

Est-ce que vous connaissez une personne qui sait ce qu'elle veut, quand elle le veut et qui vous dit même comment elle compte y arriver, mais sans faire le moindre geste pour y parvenir? Lors d'un atelier que j'ai animé à Montréal, j'ai tiré un billet de 20 $ de mon portefeuille et j'ai demandé aux 200 participants: «Qui veut ce billet de 20 $?» Tout le monde a levé la main, sauf un homme. Il a regardé autour de lui, a couru vers moi, a pris le billet et est retourné à sa place. Tous les participants étaient interloqués. «Ça, c'est agir!», ai-je déclaré. «Faites-le. Agissez. N'espérez pas, agissez!» Tout le monde a ri. Depuis ce jour, j'ai cessé de faire cette démonstration!

Planifier est bon, savoir ce que vous voulez est excellent, mais vous n'obtiendrez rien si vous n'agissez pas. À ce propos, Allen Cox a déjà mentionné: «Sachez que les rêves sont nécessaires, mais qu'ils deviennent vrais seulement lorsque vous prenez les bons moyens pour les réaliser.» N'oubliez pas l'affirmation d'Aristote: «L'homme est à l'origine de ses actes.» Mettez vos plans à exécution; vous serez heureux de l'avoir fait.

11. Évaluez.

Un homme voulait atteindre le sommet d'une montagne pour prendre des photos. Atteindre le sommet lui prit la journée entière. Une fois au sommet, fatigué, épuisé et en sueur, il remarqua un Chinois assis par terre. Il s'approcha du Chinois et se plaignit de la difficulté de l'ascension. Le Chinois sourit et lui dit: «La prochaine fois que vous voudrez atteindre le sommet, passez par l'autre versant; un train vous amène ici de façon sécuritaire et confortable pour seulement un dollar.» Si cet homme avait su évaluer son ascension, il n'aurait pas gaspillé temps et énergie à grimper sur ce versant de la montagne. Donc, lorsque vous planifiez une entreprise quelconque, évaluez-la et changez au besoin les étapes du plan qui ne sont pas pertinentes. Mieux vaut apporter plusieurs changements au début que d'être déçu en fin de compte.

12. Soyez souple.

L'une des clés de la réussite est la souplesse, c'est-à-dire la capacité de s'adapter et de modifier ses plans, de prendre rapidement une décision et d'essayer autre chose pour atteindre son but.

13. Persévérez.

Je me contenterai de citer Caloni Coolide: «Rien en ce bas monde ne peut remplacer la persévérance. Le talent ne peut la remplacer; nul n'ignore que des hommes talentueux n'ont pas réussi. Le génie ne peut remplacer la persévérance; les génies méconnus sont nombreux. L'instruction ne peut remplacer la persévérance; le monde est peuplé d'épaves instruites. Seules la persévérance et la détermination sont puissantes. "Ne lâchez pas" a résolu et résout toujours les problèmes de la race humaine.»

Je crois que le chemin de la réussite ne cesse de se construire. La détermination de Walt Disney lui a permis de créer Disneyworld. Thomas Edison a fait preuve de la même détermination avec ses rêves. C'est possible pour vous aussi. Soyez déterminé. Laissez de côté ce que vous ne pouvez pas faire et concentrez-vous sur ce que vous pouvez faire.

43 La formule ultime pour atteindre ses objectifs

«Nous vivons comme nous le pouvons
et non comme nous le désirons.»

Menander

1. Rédigez vos objectifs.

Écrivez sur une carte de la même dimension que votre carte professionnelle les quatre objectifs qui vous tiennent le plus à cœur. Chacun d'eux devrait correspondre à l'une des quatre facettes de votre vie. Conservez toujours cette carte dans votre portefeuille et lisez-la souvent, le matin, au travail ou avant d'aller dormir, autant de fois que vous le voulez.

2. Visualisez.

Trois fois par jour, visualisez vos objectifs, par exemple le matin, l'après-midi et le soir. Voici une façon de faire cet exercice :

a) Choisissez un endroit calme et confortable.

b) Respirez calmement. Inspirez en comptant jusqu'à quatre et expirez en comptant encore jusqu'à quatre.

c) Fermez les yeux et imaginez-vous en train d'atteindre votre objectif. Faites-le de la façon la plus convaincante et la plus forte possible. Souvenez-vous que, lorsque votre but est intégré à votre subconscient et qu'il y est inscrit, votre monde intérieur et votre monde extérieur s'harmonisent.

d) Ouvrez les yeux.

L'objet de cet exercice est de créer une image et de la conserver jusqu'à ce qu'elle devienne réelle. Plus vous la verrez, plus vous y croirez, et plus vous y croirez, plus vite vous atteindrez votre but.

3. Pensez de façon positive.

Envoyez tous les jours une affirmation à votre subconscient. Utilisez le pouvoir de l'affirmation pour ancrer votre planification d'objectifs plus profondément dans votre subconscient. Assurez-vous que vos pensées sont énoncées de façon positive : «Je peux atteindre n'importe quel objectif que je me suis fixé. Je crois en ma capacité de réussir.»

4. Agissez au mode conditionnel.

Agissez comme si vous étiez déjà en train d'atteindre votre objectif. Marchez, parlez et respirez comme s'il vous était impossible d'échouer. Faites comme si tout était réel en ce moment même et que la concrétisation de votre objectif n'était qu'une question de temps. Par exemple, quand j'avais six ans, j'ai rêvé qu'un jour je serais directeur général d'un grand hôtel. Lorsque je «jouais à l'hôtel» avec mes amis, je tenais le rôle du directeur général. Je parlais et je marchais comme si j'étais le directeur général. Les gens devaient rire de moi, mais en 1987, je suis devenu directeur général d'un hôtel cinq étoiles à Montréal. J'ai agi comme si j'étais directeur général et c'est ce que je suis devenu. Servez-vous de la puissance du «comme si» et vous serez surpris des résultats.

5. Utilisez le concept du centimètre.

Chaque jour, posez un geste qui vous rapproche «d'un centimètre» de vos buts. Mais pour que ce concept fonctionne, vous devez le mettre en pratique tous les jours, sans exception. En très peu de temps, ce concept sera devenu une habitude.

6. Utilisez la technique du «Je suis responsable».

Refuser d'être responsable ou chercher des excuses n'est pas la solution. Si quelque chose va mal, ne rejetez pas la responsabilité sur les autres. Prenez l'entière responsabilité, trouvez des solutions aux problèmes et apprenez de vos erreurs. En perdant du temps à blâmer les autres, vous n'utilisez pas votre plein potentiel. À l'inverse, si vous assumez vos responsabilités, vous serez plus créatif, plus ouvert à trouver des solutions. Votre réussite sera plus grande que jamais.

Vous possédez maintenant le bagage nécessaire pour planifier vos objectifs et les atteindre. Il est maintenant temps d'agir. Joignez-vous à ceux qui passent à l'action. Ne devenez pas comme ceux qui ne font que parler et se plaindre.

«Rêver de tout ce qu'il veut. Voilà la grandeur
de l'esprit de l'homme. Faire tout ce qu'il veut.
Voilà la force de la volonté de l'homme.
Avoir confiance, aller au bout de ses limites.
Voilà le courage de réussir.»

Bernard Edmonds

44 Les avantages des objectifs dans les affaires

«Il n'y a rien à craindre dans la vie.
Il suffit de comprendre.»

Marie Curie

Les gestionnaires ne se préoccupent que de satisfaire la clientèle, car sans clientèle, on ne fait pas d'affaires. Que dire alors de la clientèle interne? Vous vous demandez qui sont ces clients? Les voici:

1. Le patron

2. Les membres du personnel

Ils sont les clients à l'interne et, comme tels, ils peuvent nuire à votre rendement et même menacer votre avenir au sein de l'entreprise s'ils ne sont pas satisfaits du contexte dans lequel ils travaillent!

J'ai eu l'occasion de travailler avec des milliers de personnes et des centaines d'entreprises, ce qui m'a grandement aidé à les comprendre. J'ai remarqué que la plupart des gens ne savent pas comment satisfaire leur patron ou leurs employés. Même si vous faites de votre mieux, vous n'accomplissiez peut-être pas exactement ce que désire votre patron, et cela seulement pourrait nuire à votre carrière. Pour éviter cette situation, demandez à votre patron qu'il vous expose clairement ses objectifs d'entreprise en ce qui a trait à la satisfaction de la clientèle. À votre tour, faites-lui part de vos objectifs. Demandez comment faire et ce que cela vous donnera. Voici quelques exemples qui peuvent vous aider.

a) Appelez votre supérieur et demandez-lui un rendez-vous, de préférence tôt le matin ou en fin d'après-midi, ou mieux encore, invitez-le pour le lunch. Ainsi, vous ne serez pas dérangés.

b) Demandez-lui de vous expliquer les objectifs de l'entreprise, à court et à long terme, et prenez-les en note.

c) Faites-lui part de vos objectifs et demandez-lui conseil.

En procédant de cette façon, vous profiterez des avantages suivants :

a) Vous ferez partie d'une équipe qui travaille à atteindre les mêmes objectifs.

b) La communication et les relations entre votre supérieur et vous-même s'en trouveront améliorées.

c) En participant à vos objectifs, votre patron sera motivé à vous aider à les réaliser.

d) Vous atteindrez vos objectifs plus rapidement.

Comme vous le constaterez, cette façon de faire procure d'importants avantages. Vous n'aurez plus qu'à tenir régulièrement votre patron au courant des progrès accomplis.

Que pouvez-vous faire avec votre équipe, vos employés, les personnes qui ont besoin de votre appui ? Comment pouvez-vous les aider à planifier des objectifs ?

a) Organisez une réunion au cours de laquelle vous expliquerez la planification des objectifs et demanderez à tous les participants d'exprimer leurs idées.

b) Fixez une autre réunion la semaine suivante afin d'assurer le suivi.

c) Au cours de cette réunion, expliquez vos objectifs par rapport à ceux de l'entreprise.

d) Permettez à tous les membres de votre équipe d'énoncer leurs idées et leurs objectifs.

e) Faites un résumé de tous les objectifs.

f) Déterminez des objectifs pour l'équipe.

g) Établissez un échéancier pour atteindre les objectifs.

h) Donnez à tous les membres une copie de l'échéancier.

i) Assurez un suivi, évaluez et n'oubliez pas de faire preuve de souplesse.

Voici les avantages de la définition des objectifs en équipe :

a) amélioration de la communication

b) amélioration de la motivation

c) amélioration de la confiance en soi

d) amélioration des résultats

Mais vous pouvez faire plus ! Rencontrez vos employés individuellement, aidez-les à planifier leurs propres objectifs et apportez-leur un soutien tout au long de leur cheminement. En effet, si vous les aidez à atteindre leurs objectifs, ils vous aideront en retour à atteindre les vôtres.

Maintenant, vous êtes en mesure d'apprécier les nombreux avantages de la planification des objectifs en affaires. Essayez. Vous n'avez rien à perdre et tout à gagner.

> «La route de mille kilomètres commence
> par le premier pas.»
>
> *Lao-Tzu*

Ce chapitre renferme l'information la plus complète et la plus récente concernant la planification des objectifs. Utilisez-la ! Passez à l'action et ne laissez pas le doute vous envahir. À ce propos, John Heywood a écrit : «Un homme peut amener son cheval près de l'eau, mais ne peut l'obliger à s'abreuver.» Alors, petit à petit, développez votre capacité à planifier vos objectifs. Heywood pourrait ajouter : «Un bon début entraîne une fin heureuse.» Le secret consiste à prendre l'initiative, à passer à l'action dès aujourd'hui.

Je vous invite à commencer dès maintenant. Le plus beau mensonge qu'un homme puisse raconter est «Je vais le faire demain.» Demain, c'est aujourd'hui. Éteignez le téléviseur, prenez un crayon et du papier, et planifiez votre journée. Après tout, vous n'avez qu'une vie. Alors, qu'elle soit remarquable !

◆

*N'oubliez pas que si vous n'avez pas
d'objectif, vous travaillerez à réaliser
l'objectif d'une autre personne.*

◆

45 La planification des objectifs

«La chance ne sourit qu'à ceux qui se préparent.»

Louis Pasteur

Écrivez pour chaque facette trois objectifs que vous voulez atteindre.	Maintenant, réécrivez vos objectifs dans chaque facette selon leur priorité.

LISTE DES OBJECTIFS	LISTE DES PRIORITÉS
Vie personnelle :	Vie personnelle :
•	•
•	•
•	•
Vie professionnelle :	Vie professionnelle :
•	•
•	•
•	•
État de santé :	État de santé :
•	•
•	•
•	•
Situation financière :	Situation financière :
•	•
•	•
•	•

ACTION... ACTION... ACTION

Prenez un seul objectif de chaque facette et écrivez pourquoi vous l'avez choisi, comment vous l'atteindrez et quand vous pensez l'avoir réalisé.

BUT	POURQUOI?	COMMENT?	QUAND?

Vie personnelle

Vie professionnelle

État de santé

Situation financière

EN QUOI LE FAIT D'ATTEINDRE CES OBJECTIFS VA-T-IL AMÉLIORER MA VIE?

1.

2.

3.

◆

*Planifiez
vos objectifs
dès maintenant !*

◆

RÉALITÉ Nº 7

LA GESTION
DU TEMPS

Un élément
essentiel
de la vie

«L'homme essaie par tous les moyens de tuer
le temps, mais c'est le temps qui prend finalement
le dessus.»

Herbert Spencer

46 Pourquoi gaspiller du temps?

«Gaspiller une minute équivaut à perdre une heure.
Gaspiller une heure fait perdre une journée et cette
journée pourrait perdre une vie.»

Brian Tracy

L e temps, c'est de l'argent, le temps, c'est de l'or, le temps,
c'est la vie. Alors, gaspiller du temps, c'est en quelque sorte
gaspiller sa vie. Le temps est la seule chose dont nous
disposons tout au long de notre vie.

Les propos de Benjamin Franklin résument bien cette idée: «On
ne retrouve jamais le temps perdu.» Si le temps est vital et aussi
important, s'il est la seule chose que possède l'être humain tant
qu'il est en vie, alors pourquoi le gaspillons-nous? Est-ce parce que
nous n'en avons que faire ou bien parce que nous ne savons
comment l'employer? Ou bien parce que nous ne sommes pas
conscients de sa valeur? La réponse est simple: nous nous soucions
de la façon d'employer notre temps, mais nous ne savons pas
comment faire. Sans doute parce que nous n'avons pas d'objectif
précis vers lequel tendre en permanence. Je parle non pas d'un
objectif quelconque mais d'un objectif qui nous soulève, qui nous
motive à nous lever tôt le matin et à nous coucher tard le soir, un
objectif qui améliore notre qualité de vie de façon marquante.

Une personne ordinaire se trouve prisonnière de ce qu'on
appelle un «cercle vicieux». Elle se lève le matin, affronte la
circulation pour se rendre à son travail, revient à la maison, prend
son repas, regarde la télévision, puis va se coucher. Le lendemain,
elle se lève de nouveau et recommence encore le même manège.
Cette personne se plaint alors que la vie est injuste. Il y a aussi les

gens qui se plaignent de ne pas avoir assez de temps pour faire ce qu'ils ont envie de faire.

Lorsque j'ai commencé à rédiger ce livre, mes recherches m'ont amené à interroger des gestionnaires et des chefs d'entreprise de tous les horizons. Voici un résumé des entrevues réalisées auprès de plus de 235 dirigeants:

Lorsque j'ai demandé à un directeur général d'une grande entreprise de construction de Montréal s'il prenait régulièrement des vacances, il m'a répondu: «Quoi? Des vacances? Vous êtes sérieux? Je n'ai pas pris de vacances depuis quatre ans.» «Pourquoi?», lui ai-je demandé. «Quelle question stupide! Je travaille très fort ici et si ce n'était pas le cas, mon entreprise ne serait plus de la course», a-t-il ajouté. «Vous avez raison, mais si vous continuez ainsi, c'est vous qui ne serez plus de la course», ai-je ajouté.

Un autre dirigeant m'a dit: «M. Elfiky, c'est facile de parler de la gestion du temps, mais si vous étiez à ma place, vous verriez qu'une journée de 24 heures ne me suffit pas pour accomplir tout ce que je dois faire. J'ai besoin de plus de temps.» Un autre, plus créatif, m'a dit: «Vous savez, M. Elfiky, même si la technologie nous facilite la vie grâce aux ordinateurs, aux calculatrices, aux agendas électroniques, aux téléphones cellulaires, je n'ai pas assez de temps.»

Vous saisissez? Maintenant, je vais vous présenter quelques experts dans le domaine et vous faire part de leur opinion sur ce sujet. Selon Alain Alken, expert en gestion du temps et auteur du best-seller *How to Get Control of Your Time and of Your Life,* «On ne peut manquer de temps. Nous avons tous le temps nécessaire pour faire ce qui est vraiment important.» J'attire votre attention sur ce que Michael Fortino a fait ressortir à la suite d'une recherche qui s'est échelonnée sur plus de 20 ans concernant l'emploi du temps d'une personne ordinaire au cours d'une vie normale: une personne passe en moyenne sept années dans la salle de bain, six années à manger, cinq années à faire la queue, trois années en réunion, une année à chercher des objets, huit mois à ouvrir la boîte aux lettres, six mois à attendre aux feux rouges, 120 heures à se brosser les dents, quatre minutes par jour à converser avec son conjoint et 30 secondes par jour à parler avec ses enfants. Lorsque je compare les sept années passées dans la salle de bain et les 30 secondes par jour à parler avec les enfants, je me dis que ce n'est pas de temps dont nous manquons, mais plutôt d'une mise en relief des priorités. Ce chapitre vise à vous montrer la manière de gérer facilement votre temps et à en faire un nouveau mode de vie.

Les 2 barrières psychologiques de la gestion du temps

«La qualité de votre vie dépend de la façon dont vous employez votre temps.»

Ibrahim Elfiky

Notre vie a des hauts et des bas; des raisons profondes, des blocages psychologiques en sont la cause. La gestion du temps est influencée par deux barrières psychologiques qui, en général, nous empêchent de maximiser notre emploi du temps. Les voici.

1. Les valeurs et les opinions

Selon Williams James, le père de la psychologie moderne, «les opinions contribuent à créer les faits.» Nos opinions proviennent de deux sources principales: nos parents et les influences extérieures. Nos premières opinions se sont bâties à partir de ce que nos parents nous disaient à propos du temps et de ce qu'ils en faisaient. Si vos parents savaient bien gérer leur temps, il est probable que vous faites de même. Au contraire, s'ils étaient prisonniers d'un cercle vicieux, qu'ils se plaignaient continuellement de leur vie et qu'ils perdaient leur temps à écouter la télévision, vos valeurs et vos opinions concernant la gestion du temps en ont été influencées.

Quant aux influences extérieures, elles sont exercées par des membres de votre famille, vos amis, vos voisins, vos professeurs, vos lectures ou des médias; tous jouent un rôle important dans la formation de vos valeurs et de vos opinions. Nous grandissons avec ces façons de voir et apprenons à les intégrer à notre comportement. Selon ces influences, il est important ou non de gérer le temps. Nous transmettons cette croyance à nos enfants et aux autres. Comme Henry Ford l'a dit: «Que vous vous croyiez capable ou incapable... dans les deux cas, vous avez raison.» Concluons avec une pensée de Jules César: «Les hommes sont prêts à croire ce qu'ils veulent bien croire.» À moins de chasser vos impressions négatives sur la gestion du temps, vous en serez réduit à effectuer les mêmes choses et à obtenir les mêmes résultats.

2. L'image négative de soi

Depuis le jour où vous êtes venu au monde, vous êtes programmé de façon positive ou négative par le contact avec vos parents, votre entourage et votre environnement. Cette programmation influe sur l'image que vous avez de vous-même et sur ce que vous pensez de vous. Voici un exemple: un vendeur qui reçoit une commission maximale de 2 000 $ par mois travaille très fort au début du mois pour vendre de façon à avoir atteint 1 800 $ vers le 18 du mois. Savez-vous ce qu'il fait durant les 12 derniers jours du mois? Vous l'aurez deviné, il devient nonchalant au travail puisqu'il n'a besoin que de 200 $ pour obtenir sa commission de 2 000 $. À moins de changer son image, ce vendeur en est réduit à plafonner à ce niveau ou en deçà. L'image que nous avons de nous-même influence notre façon de concevoir la gestion du temps.

Êtes-vous efficace ou efficient? Avant de répondre à cette question, regardons la distinction que fait Robert Schaffer entre l'efficience et l'efficacité dans son ouvrage *Breakthrough Strategies*:

EFFICACE	EFFICIENT
• occupé	• réussit
• fait tout lui-même	• délègue aux autres
• fait bien les choses	• fait la bonne chose
• s'assure que le travail est bien fait	• s'assure des résultats du travail effectué
• en fait plus pour en accomplir plus ; coupe d'autres choses	• sélectionne ce qu'il fait et le fait du mieux qu'il peut

Maintenant, vous pouvez répondre à ma question : êtes-vous efficient ou efficace ?

Votre but n'est pas seulement de montrer aux autres que vous êtes occupé, mais d'obtenir de meilleurs résultats et une plus grande satisfaction.

Que se passerait-il si vous appreniez que vous n'avez plus que six mois à vivre ? Comment passeriez-vous les derniers mois de votre vie ? Avec qui ? Où iriez-vous ? Y avez-vous déjà songé ? Par expérience, je sais que plus une personne se soucie de la gestion du temps, plus elle réussit et plus elle lui accorde de la valeur. Pensez-y. Pour les personnes qui réussissent, le temps se compte en secondes et en minutes ; pour celles qui passent à côté de la réussite, le temps se calcule en heures et en journées. Les personnes qui réussissent n'attendent pas pour passer à l'action ; elles agissent rapidement. Au contraire, celles qui échouent remettent tout à plus tard et agissent seulement quand elles y sont obligées.

Un de mes amis m'a parlé d'un livre qu'il voulait écrire. «Quand vas-tu commencer à écrire ?», lui ai-je demandé. «Dans deux ans», m'a-t-il répondu. Je lui ai demandé si ce livre serait intéressant et s'il pourrait aider les gens. «Bien sûr», m'a-t-il dit. Je lui ai alors demandé : «Pourquoi attendre deux ans dans ce cas ?» Il m'a répondu : «Parce que je n'ai pas le temps en ce moment.» Cet homme a une idée brillante, mais celle-ci est bloquée dans ce que j'appelle la «prison du temps». Et vous ? Mettez-vous vos projets en attente parce que vous n'avez pas de temps en ce moment ?

48 Les 5 types de gestionnaires selon leur gestion du temps

«Vivez chaque jour comme si c'était le dernier.»

Publius Syrus

1. Le type trop organisé

L'intérêt premier de ce type de gestionnaire est d'être organisé et de montrer qu'il l'est. Il est toujours occupé à dresser des listes et à les mettre à jour. S'il n'arrive pas à faire tout ce qui est planifié, il prépare alors une autre liste. Il perd ainsi un temps fou à analyser chaque détail. Son souci premier est d'être et de paraître organisé au lieu d'effectuer le travail.

2. Le type débordé

Toujours à la course, ce type de gestionnaire est continuellement survolté, il se plaint qu'il n'a pas assez de temps pour faire tout ce qu'il veut dans une journée. Il est directif avec son entourage. Il est donc difficile de traiter avec lui. Incapable de se détendre, il se sent coupable dès qu'il prend une pause. S'il en prend une, il ne fait que parler de son travail. Difficile d'approche, il se met très rapidement en colère et se plaint continuellement qu'il travaille très fort et qu'il aurait besoin d'une journée de plus de 24 heures.

3. Le type maniaque de la gestion du temps

En général, ce type de gestionnaire se soucie de l'emploi du temps. Il n'est pas facile de travailler avec lui; son bureau est rempli d'objets tels qu'un vide-poches, un calendrier, un ordinateur, un télécopieur et son propre système de classement. Son emploi du temps quotidien pourrait être : 6 minutes pour le déjeuner, 9 minutes pour une réunion, 30 secondes pour un appel à sa conjointe. S'il ne réussit pas à accomplir ce qu'il a planifié, il blâme tout le monde autour de lui. Il souligne constamment que le temps, c'est de l'argent. Il est habituellement sarcastique. Il vérifie les dossiers de tout le monde et se fâche lorsque ce n'est pas à son goût. Si vous travaillez avec ce type de personne et que vous arrivez en retard de cinq minutes, c'en est fini de vous! C'est un maniaque de la gestion du temps.

4. Le type désordonné

Ce type de gestionnaire est très désordonné. Ses papiers recouvrent son bureau, le plancher, les meubles. Il a une prédilection pour les dossiers du type «Général», «Divers» et «À faire». C'est simple, il classe tout dans ces dossiers. Le plus surprenant, c'est qu'il peut vous trouver n'importe quel dossier. Si vous lui parlez des personnes organisées, il vous répond qu'elles n'ont rien à faire de la journée ou, amusé, il vous dit qu'un bureau vide est le signe d'un esprit malade. Il perd toujours quelque chose et accuse les autres de le lui avoir pris.

5. Le type organisé

Ce type de gestionnaire est très organisé. Il sait composer avec toutes les sortes d'interruptions. Il a des buts réalistes, définit les priorités, a une excellente attitude. Il est facile de travailler avec lui. Il connaît la valeur de la gestion du temps. Il constitue l'objet de ce chapitre.

49 Les 6 avantages d'une bonne gestion du temps

«Dans une journée, vous n'aurez que 24 heures. Pas plus, pas moins. Une fois écoulée, la journée est finie à jamais.»

Ibrahim Elfiky

1. Vous gagnerez au moins deux heures de productivité supplémentaire par jour.

Grâce aux stratégies de gestion du temps présentées un peu plus loin (voir «Les 20 stratégies les plus efficaces en gestion du temps»), vous gagnerez au minimum deux heures par jour de productivité supplémentaire. Vous serez ainsi en mesure d'effectuer un plus grand nombre de tâches et augmenterez, par la même occasion, votre revenu et les profits de l'entreprise.

2. Vous gérerez mieux votre journée de travail.

En apprenant à composer avec tous les genres d'interruptions, vous contrôlerez mieux votre emploi du temps et pourrez le gérer en vue des résultats escomptés.

3. Vous contrôlerez plus facilement votre stress.

Grâce aux stratégies organisationnelles et de gestion du temps, votre esprit sera clair. Vous serez capable de trouver rapidement ce dont vous avez besoin, vous contrôlerez parfaitement votre emploi du temps et serez prêt à faire face facilement à n'importe quelle situation stressante tout en demeurant productif.

4. Vous augmenterez votre capacité de travail.

En planifiant votre horaire, vous aurez plus de temps qu'auparavant. Vous pourriez en profiter pour parfaire vos connaissances,
développer de nouvelles compétences, écouter des cassettes ou lire.

5. Vous augmenterez votre niveau d'énergie.

En réalisant plus de choses, vous serez plus motivé et aurez plus
d'énergie qu'auparavant. Vous aurez plus de temps pour prendre
soin de votre santé et augmenterez ainsi votre niveau d'énergie.

6. Vous profiterez de votre famille et de vos amis.

En gérant votre temps avec efficacité, vous pourrez fréquen-
ter vos amis et passer plus de temps auprès de votre famille et
de vos enfants.

50 Les 15 causes de la perte de temps

«Le temps est la chose la plus précieuse
que l'homme puisse gaspiller.»

Théophraste

1. Les interruptions venant des appels téléphoniques

Le téléphone est un élément distrayant au travail. Par exemple, vous vous concentrez sur quelque chose d'important et soudain le téléphone sonne, ce qui vous oblige à interrompre votre travail. L'appelant pourrait être n'importe qui, un vendeur, un ami, un autre gestionnaire ou votre patron. Son identité importe peu, il vous tire de votre réflexion, il vous dérange. Si vous êtes comme la plupart des dirigeants, vous devez recevoir en moyenne 28 appels par jour. Si vous répondez à tous les appels, il vous sera difficile de parachever quoi que ce soit. De plus, on estime que cela prend trois fois plus de temps pour se concentrer de nouveau sur ce que l'on faisait au moment où l'on a été dérangé.

2. Les interruptions venant de l'extérieur

Certaines personnes viennent dans votre bureau simplement pour converser ou se plaindre. En outre, certains vendeurs qui n'ont pas de rendez-vous peuvent passer à votre bureau dans l'espoir de vous rencontrer. Si ce genre d'interruption ne vous dérange pas, vous devez vous attendre à recevoir au moins cinq visites impromptues par jour. Ces visites imprévues peuvent vous faire perdre un temps précieux.

3. Les interruptions dont on est la cause

Les interruptions les plus pernicieuses sont celles que vous provoquez. Par exemple, vous êtes occupé à une tâche et vous vous souvenez que vous devez faire un appel téléphonique. Vous laissez tout en plan et faites cet appel téléphonique ou bien vous révisez quelque chose d'autre. Ce genre d'interruption ou de distraction survient lorsque vous faites quelque chose que vous n'aimez pas. La plupart du temps, vous remettez à plus tard ce que vous faisiez.

4. Les réunions

Selon les recherches, on estime que les gestionnaires passent en moyenne 28 % de leur temps en réunion, soit avec leur secrétaire, les chefs de service, le conseil de direction, un gestionnaire ou un employé. D'après moi, les réunions sont la cause première de perte de temps dans la journée de travail d'un gestionnaire.

5. La procrastination

Selon Edward Young, «la procrastination est un voleur de temps.» Le procrastinateur remet au lendemain ce qu'il doit faire aujourd'hui. Puis, le lendemain, il remet encore au lendemain, et ainsi de suite. En général, le gestionnaire moyen remet à plus tard son travail pour différentes raisons. La principale, c'est qu'il déteste la tâche à accomplir et essaie de l'éviter.

6. Le courrier et la paperasse

Michael Fortino évalue à huit mois le temps consacré par les gestionnaires à ouvrir leur courrier. Si vous êtes le genre de gestionnaire qui aime ouvrir son courrier lui-même et qui lit tout ce qu'il reçoit, vous perdez un temps précieux. La paperasse constituée de notes de service, par exemple, vous fait également perdre du temps.

7. Les rapports

Les rapports de tout genre constituent une perte de temps, que ce soient des rapports quotidiens, comptables, de gestion ou un rapport spécial destiné à votre supérieur ou à une institution financière. Ces rapports exigent beaucoup de concentration en plus de vous faire perdre du temps. Cela ne signifie pas qu'ils sont inutiles; cela dépend du moment où vous les effectuez et de la façon dont vous les rédigez.

8. La confusion dans les priorités

Vous êtes occupé à une tâche, puis vous en commencez une autre et revenez à la première. Cette confusion dans les priorités montre que vous voulez faire plusieurs choses à la fois.

9. Les efforts multipliés par deux

Vous commencez à effectuer une tâche, puis vous décidez de la mettre de côté sans l'achever. Puis vous y revenez plus tard pour la continuer. Vous dépensez deux fois plus de temps et d'effort pour terminer une seule tâche.

10. La mauvaise planification

Votre planification comporte trop d'éléments pour une seule journée, ou votre horaire est trop serré. Une mauvaise planification vous fait perdre du temps et augmente votre stress.

11. Le désordre

Un bureau encombré, des papiers partout, des dossiers qui ne sont pas classés au bon endroit peuvent vous faire perdre un temps précieux.

12. Un système de classement inadéquat

Si votre système de classement n'est pas adéquat, vous perdrez du temps à chercher un dossier que vous ne trouvez pas au moment voulu. Si vous ajoutez plus de documents à vos dossiers, vous finirez par acheter d'autres classeurs; vous éviterez de perdre du temps à cause d'un système de classement inefficace.

13. Les rencontres sociales

Les invitations à des déjeuners, à des lunchs, à des soupers, à des soirées ou à prendre un verre rognent votre temps. On estime qu'un gestionnaire passe le plus clair de son temps en réunions sociales; et ce même gestionnaire met en cause les relations publiques. Parce qu'il n'est pas sélectif et qu'il ne sait pas comment gérer ses invitations, le gestionnaire perd son temps dans ce type de rencontre.

14. L'incapacité de dire non

Un ami passe à votre bureau et vous invite pour le lunch de façon impromptue. Un autre directeur vient prendre un café avec vous. Puis votre supérieur vous demande d'aller le voir et vous y allez tout de suite sans même lui demander s'il peut attendre que vous finissiez ce que vous aviez entrepris. Votre incapacité à dire non vous mènera à faire des choses que vous ne voulez pas tout en vous faisant perdre du temps.

15. Le matériel désuet

Votre matériel est désuet; il ne fonctionne pas la plupart du temps et vous devez appeler le réparateur. Le matériel qui ne fonctionne pas occasionne des pertes de temps et constitue un irritant.

Voilà les 15 facteurs qui m'ont le plus souvent fait perdre du temps. Cette liste pourrait s'allonger, mais je tenais surtout à vous souligner les principales causes de perte d'un temps précieux.

Les 20 stratégies les plus efficaces en gestion du temps

«Cette minute-ci est tout ce que vous avez.
Gérez les minutes comme un bien précieux;
les heures et les jours s'écouleront d'eux-mêmes
et vous donneront pouvoir et contrôle.»

Brian Tracy

Voici une liste de stratégies qui sont, selon moi, les plus efficaces et les plus importantes que vous puissiez trouver en un seul livre. Cette liste, résultat de 22 années de recherches, d'études et d'expérience, vous présente toutes les stratégies dont vous avez besoin pour bien gérer votre temps.

1. Les interruptions venant des appels téléphoniques

a) Mentionnez à votre interlocuteur que vous étiez sur le point de partir ou dites-lui: «Je suis au beau milieu d'une réunion importante. Puis-je vous rappeler?» ou «Je dois répondre à un appel interurbain, puis-je vous rappeler?»

b) Demandez à votre secrétaire de filtrer les appels et de prendre les messages. Vous pouvez ainsi choisir le moment opportun pour rappeler. Faites vos appels téléphoniques au moment où vous avez une baisse d'énergie, par exemple après le lunch ou en fin d'après-midi. Ne prenez aucun appel, excepté les appels urgents, quand vous êtes en forme et productif puisque vous pouvez alors abattre beaucoup de travail.

2. Les interruptions venant de l'extérieur

a) Lorsqu'une personne vous interrompt, levez-vous et parlez-lui de façon à ne pas lui laisser l'occasion de s'asseoir et de s'étendre sur un sujet sans importance.

b) Dites à cette personne «Je veux vous montrer quelque chose», et sortez avec elle pour lui montrer un truc quelconque, puis revenez seul dans votre bureau.

c) Allez au devant de la personne qui vous interrompt, et non l'inverse. Ainsi, vous pourrez partir quand bon vous semble.

d) Gardez la porte de votre bureau fermée si vous ne voulez pas être dérangé. Demandez à votre secrétaire de prendre vos rendez-vous en fin de journée ou accrochez à votre porte un carton portant l'inscription «Ne pas déranger». Les gens apprendront ainsi à respecter votre horaire tout en gagnant eux-mêmes du temps.

e) N'ayez qu'un minimum de chaises dans votre bureau si vous le pouvez; cela découragera les personnes qui viennent bavarder.

3. Les interruptions dont on est la cause

Effectuez une tâche une seule fois. Ne la mettez pas de côté; terminez-la. Concentrez-vous sur ce que vous avez à faire; si vous vous laissez distraire ou si vous êtes fatigué, concentrez-vous sur les résultats et les avantages que vous obtiendrez en terminant votre travail.

4. Les réunions

Posez-vous la question suivante: «Qu'est-ce qui arriverait si je n'allais pas à cette réunion?»

a) Si votre réponse est «Il n'arriverait rien», alors n'y allez pas et annulez.

b) Si votre réponse est «Il n'arriverait rien, mais il est important de savoir ce qui se passe», envoyez quelqu'un à votre place.

c) Si votre réponse est «La réunion est importante et je dois absolument y assister», établissez un ordre du jour, envoyez-en une copie à toutes les personnes concernées. Respectez votre ordre du jour et commencez votre réunion à l'heure prévue.

5. La procrastination

Vous faites de la procrastination lorsque vous remettez une tâche plus de trois fois. Arrêtez, faites face et demandez-vous : «Qu'est-ce qui arrivera si je ne le fais pas ? Est-ce très important ?»

a) Si votre réponse est «C'est important», attelez-vous à cette tâche.

b) Si votre réponse est «C'est important, mais une autre personne peut la faire», déléguez.

c) Si votre réponse est «Rien n'arrivera, cela n'est pas très important», mettez-la de côté.

6. Le courrier et la paperasse

a) Formez votre secrétaire pour qu'elle soit en mesure de filtrer le courrier et la paperasse et qu'elle ne vous remette que ce qui est important.

b) Classez votre courrier dans un dossier «À lire», lisez-le et répondez à vos correspondants au moment où vous éprouvez une baisse d'énergie, par exemple après le lunch ou à la fin de la journée.

c) Déléguez la lecture de votre courrier à quelqu'un d'autre.

d) Maximisez votre emploi du temps : lorsque vous avez un rendez-vous chez le dentiste ou chez le médecin, apportez des documents que vous pourrez lire pendant que vous attendrez. Ainsi, vous ne perdrez pas une minute.

7. Les rapports

Demandez-vous ce qui peut arriver si vous ne rédigez pas tel rapport. Pouvez-vous déléguer ? Si rien ne peut arriver, n'écrivez pas ce rapport. Toutefois, si c'est important et qu'il vous est possible de déléguer, faites-le. Finalement, si vous devez le rédiger vous-même, attendez le moment opportun, par exemple lorsque vous avez une baisse d'énergie.

8. La confusion des priorités

Dressez d'abord une liste de ce que vous devez faire aujourd'hui. Puis classez les tâches par ordre de priorité : celles qui doivent être accomplies immédiatement ; celles qui doivent l'être à court terme; celles que vous souhaitez accomplir. Prévoyez des pauses et des moments pour rencontrer vos clients. Ensuite, effectuez la tâche prioritaire jusqu'à ce qu'elle soit complètement terminée. Passez à la tâche suivante, et ainsi de suite.

9. Les efforts multipliés par deux

Dès aujourd'hui, prenez l'habitude d'effectuer les tâches une seule fois. Si vous devez trier de la paperasse, faites-le immédiatement, déléguez ou bien jetez à la poubelle ce qui est inutile. Ne mettez pas de documents de côté, parce que si vous n'avez pas le temps de les lire maintenant, il est probable que vous ne l'aurez pas plus tard. Alors, faites-le sur-le-champ.

10. Une planification réaliste

Soyez réaliste au moment de votre planification et posez-vous la question suivante : Honnêtement, suis-je capable d'effectuer tout ce que j'ai planifié dans les délais fixés? Si votre réponse est négative, refaites une planification réaliste.

11. L'organisation

a) Dressez une liste des objets dont vous avez vraiment besoin sur votre bureau et dans vos tiroirs.

b) Videz le contenu de vos tiroirs sur votre bureau, conservez uniquement les objets dont vous avez besoin.

c) Débarrassez-vous des dossiers «Général» et «Divers» pour ne pas être tenté d'accumuler des papiers.

d) Conservez dans votre bureau seulement ce qui est nécessaire à l'accomplissement des tâches importantes.

e) Gardez un dossier pour y mettre tout ce qui doit être fait dans la journée et assurez-vous que ce dossier est vide à la fin de la journée.

f) Commencez la journée dans un environnement de travail propre et terminez-la de la même manière.

g) Il devrait n'y avoir qu'une seule chose sur votre bureau : le travail en cours.

12. L'organisation du système de classement

Assurez-vous d'avoir un système de classement bien organisé, en ordre alphabétique et portant des codes de couleur. Conservez une liste de tous les dossiers. Ainsi, vous serez en mesure de trouver facilement n'importe quel dossier par vous-même. Retirez les dossiers inactifs; ils encombrent vos classeurs sans raison. Rappelez-vous que 80 % des dossiers classés ne sont jamais consultés. Donc, avant de classer un dossier, demandez-vous ce qui se passerait si vous ne conserviez pas ce dossier. Dans le cas où il ne se passerait rien, jetez-le. Au contraire, si cela pouvait être grave, classez-le. Tous les 90 jours, faites le ménage et retirez les vieux dossiers. Aucun dossier ne devrait avoir plus d'un pouce d'épaisseur.

13. Les rencontres sociales

Encore une fois, demandez-vous ce qui se passerait si vous n'alliez pas à telle réception ou à tel dîner. Si cela ne pose aucun problème, annulez. Si c'est important, envoyez une personne pour vous représenter ou bien allez-y vous-même et quittez la réunion dès que vous le pouvez.

14. La capacité de dire non

Ne vous sentez pas coupable de dire non. Mieux vaut répondre non maintenant que de perdre du temps ou de surcharger votre emploi du temps avec des tâches non nécessaires qui peuvent vous stresser. Avant de dire oui, posez-vous la question: «Si je dis non, qu'est-ce qui arrivera?» Si vous répondez «Rien», alors dites non avec le sourire!

15. L'investissement dans du matériel adéquat

Remplacer votre photocopieur désuet par un nouveau photocopieur qui convient à vos besoins vous permet d'économiser du temps et vous évite bien du stress. Considérez le matériel de bureau comme un investissement, et non comme des coûts. Un matériel inadéquat vous coûtera plus cher et occasionnera, avec le temps, un ralentissement dans vos activités.

16. L'heure du lunch

Si tout le monde sort vers midi pour le lunch, allez-y plus tôt, par exemple vers 11 h 30, ou plus tard, vers 13 h. Vous serez servi plus rapidement et pourrez donc terminer plus rapidement, ce qui vous fera gagner du temps.

D'autre part, vous pouvez profiter de votre heure de lunch pour mener vos affaires; invitez donc un client ou un autre directeur pour le lunch et faites d'une pierre deux coups.

17. La télévision

On estime à deux heures et demie par jour le temps que passent les gens devant leur téléviseur. Ne prenez pas la mauvaise habitude de regarder continuellement la télévision. Profitez plutôt de ce moment pour communiquer avec votre famille et vos enfants. Écoutez votre émission et sitôt celle-ci terminée, éteignez la télévision.

18. Le sommeil

Selon les médecins, la majorité des gens dorment alors qu'ils ne sont pas fatigués ou qu'ils n'éprouvent pas le besoin physique de dormir. Ils dorment parce que c'est une habitude. Les médecins conseillent de se coucher tôt et de se lever tôt.

19. Ne laissez pas le temps s'envoler !

Une heure passée dans un avion sans aucune interruption équivaut à quatre heures dans un bureau si l'on compte les interruptions. Lorsque vous voyagez, demandez un siège loin des toilettes et de la cuisine pour ne pas être dérangé. Utilisez ce temps pour rédiger vos rapports, faire du travail ou une étude. Lorsque je prends l'avion, j'en profite pour travailler. Ne vous laissez pas tenter par la télévision ni par la lecture de magazines ou de journaux.

20. Un mois de plus par année

Si vous vous levez une heure plus tôt chaque jour durant la semaine de travail, vous gagnerez cinq heures. En multipliant ces cinq heures par 50 semaines, vous obtenez 250 heures. Ce nombre divisé par 8 (un jour normal de travail) vous donnera 31 jours, soit un mois de plus par année.

$$\frac{1 \times 5 \times 50}{8} = 31 \text{ jours}$$

En utilisant ce temps de manière intelligente, vous pouvez augmenter votre revenu de façon importante. Trois pour cent des personnes qui réussissent très bien ont un emploi du temps organisé et planifié qu'elles respectent consciencieusement. Si une heure de planification équivaut à quatre heures de résultats, vous retirez donc 400 % de votre investissement.

52 Développer la capacité de gérer le temps

«Certaines personnes disent qu'elles n'ont pas le temps de planifier ou de s'organiser. Pas étonnant qu'elles n'aient pas de temps.»

Ibrahim Elfiky

1. Dès aujourd'hui, prenez la décision de bien gérer votre temps.

2. Engagez-vous dans ce sens, puis promettez-le à tous ceux qui vous entourent.

3. Ayez confiance en votre capacité d'exceller dans la gestion du temps.

4. Fermez les yeux, détendez-vous et imaginez-vous comme une personne qui réussit parfaitement à gérer son temps.

5. Faites une liste de ce que vous voulez accomplir dans la journée, en établissant des priorités. Il est préférable de dresser cette liste en soirée afin de ne pas gaspiller votre temps au moment où votre énergie est à son plus haut niveau.

6. Couchez-vous tôt et levez-vous au moins 15 minutes plus tôt que d'habitude. Votre subconscient est plus vif et créatif le matin.

7. Arrivez à votre travail plus tôt que les autres ; vous ne serez pas dérangé et pourrez faire plus de travail.

8. Avant d'entreprendre un travail, préparez tout ce dont vous avez besoin : une calculatrice, une règle, un ordinateur, un dossier, etc. Vous ne serez pas obligé d'interrompre votre travail pour chercher ce qui vous manque.

9. N'effectuez un travail qu'une seule fois et, lorsqu'il est terminé, mettez-le de côté immédiatement.

10. Divisez un gros projet en plusieurs parties. Attaquez-vous à chaque partie une à une jusqu'à la fin du projet.

11. Si vous êtes confronté à un travail difficile et sentez que vous ne voulez pas le faire, allez marcher. À votre retour, effectuez n'importe quelle tâche liée à ce travail pendant dix minutes. Dès que vous aurez commencé le travail, vous voudrez le terminer. Concentrez-vous alors sur les résultats et sur la satisfaction que procure l'accomplissement de votre travail.

12. Le pouvoir de l'autoprogrammation

Tous les jours, renforcez dans votre subconscient l'idée que vous excellez dans la gestion du temps. Si vous vous répétez souvent une telle affirmation, votre subconscient vous aidera à y parvenir. Faites de l'autoprogrammation une partie intégrante de votre vie quotidienne. Voici quelques exemples d'affirmation que vous pouvez utiliser:

• Je réussis parfaitement à gérer mon temps.

• Je suis un excellent organisateur.

• J'emploie mon temps de façon intelligente.

• Chaque jour et en toute circonstance, je m'améliore continuellement.

13. Le pouvoir du «21»

Mettez en pratique les exercices ci-dessous pendant 21 jours; ils s'intégreront pour toujours à votre mode de vie. Grâce à eux, vous contrôlerez plus rapidement la gestion de votre temps.

a) Choisissez-vous un modèle: prenez l'exemple d'une personne que vous jugez excellente dans la gestion de son temps et imitez son comportement.

b) Mettez-vous dans la peau du gestionnaire: imaginez pendant un mois que vous êtes un formateur qui donne aux membres de son équipe un cours sur la gestion du temps. Vous apprendrez plus rapidement et deviendrez ce que vous prônez.

c) Utilisez la technique du «comme si»: Williams James a souligné que «si vous voulez quelque chose de qualité, agissez comme si vous l'aviez déjà». Donc, agissez comme si vous étiez passé maître dans la gestion du temps, vous renforcerez ainsi le pouvoir de votre subconscient; vous deviendrez ce que vous voulez être.

J'ai conçu ce chapitre pour vous aider à acquérir ce dont vous avez besoin pour gérer votre temps. Je vous ai présenté quelques moyens d'intégrer ces stratégies dans votre vie quotidienne. En mettant en pratique vos talents, vous augmenterez énormément votre propre estime et l'image de vous-même. Vos valeurs s'en trouveront changées et pour le mieux; pour vous, la gestion du temps sera la seule chose importante de votre existence. Si vous ne gérez pas votre temps, vous le perdrez! Soyez le maître à bord, le maître de votre emploi du temps, vous rejoindrez les trois pour cent des gestionnaires qui réussissent brillamment. Vous augmenterez votre productivité et améliorerez votre qualité de vie.

Souvenez-vous de ce que le grand philosophe allemand Goethe a dit il y a un siècle:

«Le savoir n'est pas suffisant par lui-même, nous devons le mettre en pratique. Vouloir n'est pas assez, nous devons agir.»

◆

Excellez
dans la gestion
de votre temps!

◆

RÉALITÉ N° 8

LE LEADERSHIP

La voie ultime
de la
performance

*«Celui qui gouverne un peuple en lui donnant
de bons exemples est comme l'étoile polaire,
qui demeure immobile pendant que toutes
les autres se meuvent autour d'elle.»*

Confucius

53 Gérer avec style

«Tous les hommes ont en eux ce quelque chose
de précieux, seulement ils ne l'utilisent pas.»

Mencius

Un chanteur a une façon personnelle d'interpréter une chanson; l'utilisation qu'il fait de sa voix, les expressions de son visage, ses gestes et son langage corporel font son originalité. De même, le peintre, le danseur et l'acteur ont un style bien à eux. En fait, chacun de nous a un style qui influe sur nos choix. Le domaine de la gestion n'échappe pas à cette règle. Chaque gestionnaire doit apprendre à connaître son style. Êtes-vous du style patron, actif, gestionnaire ou leader? Il y a bien sûr une grande différence entre chacun de ces styles!

Très directif avec son personnel, le style patron donne des ordres. Sûr de toujours avoir raison, il intimide ses employés, les critique souvent et les blâme lorsqu'il y a des problèmes. Il utilise son pouvoir et les sanctions pour motiver les employés et s'assurer de l'exécution des tâches. Il s'organise pour que tous ceux qui relèvent de lui comprennent bien qu'il est le patron. Il mentionne souvent: «Je suis le patron! On fait tout à ma façon ou on prend la porte!»

Le style actif ne fait pas vraiment confiance aux gens qui l'entourent. Il accomplit à peu près tout le travail lui-même et se plaint continuellement de travailler fort, du nombre d'heures qu'il investit chaque jour dans son travail et du peu d'aide qu'il reçoit de ses employés. Selon lui, ses employés sont incapables d'effectuer le travail; déléguer est donc une chose impensable et il fait tout lui-même. Sa propre insécurité l'amène à ne pas faire confiance aux autres, de sorte qu'il est toujours occupé. Pour s'éviter des problèmes, les employés le laissent tout faire. Bien qu'il soit sincère, rapide et bien informé, il souffre d'insécurité et n'a pas confiance en lui.

Le style gestionnaire suit de très près toute la gestion, depuis la planification jusqu'à la prise de décision, en passant par la supervision et l'étape du suivi. Pour contrôler et continuer le travail, il se base sur le mode de fonctionnement de l'entreprise. La politique d'entreprise est sa Bible! Il peut consacrer 75 % de son temps à des détails administratifs. Ce qui compte pour lui, ce sont les résultats.

Quant au style leader, il peut accomplir n'importe quelle tâche, savoir comment l'améliorer ou la mettre en pratique et obtenir les résultats souhaités. Doté d'un talent de formateur, c'est un excellent motivateur et il réussit à constituer des équipes. Bon communicateur, il résout les problèmes, prend des risques et des décisions. Il n'attend pas que les choses viennent à lui, il les fait arriver. Il se soucie autant de son équipe que des profits de l'entreprise. Travailler avec lui est un véritable plaisir.

Le magazine *Fortune* fait les distinctions suivantes entre le gestionnaire et le leader:

«Le gestionnaire administre... le leader innove.

Le gestionnaire continue... le leader invente.

Le gestionnaire se fie au mode de fonctionnement de l'entreprise... le leader se fie aux employés.

Le gestionnaire favorise le contrôle... le leader privilégie la confiance.

Le gestionnaire fait bien les choses... le leader fait les bonnes choses.»

Le leader est un visionnaire; il est créatif, confiant et attentif. Il croit en ses possibilités et fait confiance à son équipe. Il revoit le processus de gestion en vue de l'améliorer et de le rendre plus efficace. Doté d'un comportement unique, le leader aime l'action.

Lorsque j'animais des ateliers, j'entendais des questions telles que «Pensez-vous que je puisse devenir un leader?» ou des affirmations du genre «On ne devient pas leader, on naît leader. Il est très difficile d'enseigner le leadership et de devenir leader» ou «Je ne l'ai pas en moi!» Ces personnes avaient des idées préconçues sur le leadership; elles le percevaient comme un rêve impossible à atteindre! Mais à la fin des ateliers, leur croyance changeait, de même que leur perception et leur compréhension, si bien qu'elles étaient prêtes à cultiver le leadership en elles! Pour ce faire, elles devaient en avoir une image précise et en comprendre la signification réelle. Comme l'a si bien dit Francis Bacon, «L'ignorance nous rend méfiant.»

La programmation neurolinguistique présume que, si quelqu'un peut réaliser quelque chose, n'importe quelle autre personne pourra la réaliser aussi. Tout s'apprend et peut être maîtrisé. On apprend à nager, à danser, à chanter, à cuisiner, à faire de la peinture ou du karaté et on peut apprendre tout ce qui a déjà été appris par une autre personne. Mais on doit d'abord le vouloir, et non simplement être obligé de le faire. Puis on doit apprendre comment faire et commencer à le faire exactement de la même manière, en répétant les mêmes actes et en ayant la même conviction que l'autre personne; on atteindra alors les mêmes résultats. C'est ce qu'on appelle la modélisation en programmation neurolinguistique. Pour réussir, on se modèle sur une autre personne qui réussit. Brian Tracy, auteur de *The 10 Keys to Personal Power,* a mentionné: «Si vous prenez pour modèles des personnes qui réussissent et que vous faites les mêmes choses qu'elles, vous réussirez. Mais si vous vous inspirez de personnes qui ont échoué, vous subirez un échec.» Vous pouvez devenir un leader remarquable.

Pour devenir un leader, il ne suffit pas de lire des livres, de participer à des ateliers ou de suivre des cours, comme le pensent certaines personnes. La lecture, les cours et les ateliers sont simplement des outils qui vous aident à bien comprendre ce qu'est le leadership. Grâce à ces outils, vous acquerrez le savoir, c'est-à-dire le pouvoir.

Cependant, le savoir ne suffit pas, il faut agir. Le leadership est une discipline, un engagement vers l'excellence. C'est un mode de vie, un processus continu d'amélioration, une philosophie qui doit être comprise, adoptée et mise en pratique dans le quotidien. Ce chapitre vous présente tout ce que vous devez savoir sur le leadership. Votre tâche consistera à mettre en pratique ce que vous aurez appris. Vous apprendrez plus par la pratique que par la simple lecture. À ce sujet, Aristote a souligné: «C'est par l'expérience que progressent l'art et la science.»

54 Les 20 caractéristiques du leader

«Lorsque nouveau et fragile, le pouvoir impose
à l'homme saluts et courbettes à tous ceux
qu'il rencontre.»

Platon

A u cours des années, ma définition du leadership a changé. Grâce à mes études et à mes recherches ainsi qu'au travail et à l'expérience acquise dans de nombreuses organisations, j'ai mieux compris la signification du leadership. Il ne peut être défini en un seul mot ni en une seule phrase ; pour les gestionnaires qui ont réussi, le leadership est non pas une façon de faire mais un mode de vie. Plusieurs éléments significatifs caractérisent le leadership. Celui-ci exige autant d'attention qu'un jardin que l'on doit arroser tous les jours et où l'on doit arracher les mauvaises herbes pour obtenir des fruits. Avant de devenir une seconde nature, le leadership impose dévouement, discipline et persévérance. Permettez-moi de vous présenter ce que je crois être les 20 caractéristiques les plus efficaces d'un véritable leader.

1. La planification rigoureuse

Les recherches montrent que les leaders consacrent 80 % de leur temps à planifier et 20 % à mettre leur plan à exécution. Peut-être y a-t-il un peu d'exagération, mais ce que je veux souligner, c'est que les leaders planifient de façon rigoureuse pour assurer les résultats escomptés. Rien n'est le fruit du hasard. Ils analysent, font des recherches et posent des questions avant d'entreprendre le travail. Les propos de Thomas Edison renforcent les résultats de ces recherches : «Le génie est fait de 1 % d'inspiration et de 99 % de transpiration.» Cela s'applique également au leader.

2. L'organisation

Le leader a saisi l'importance de l'organisation ; celle-ci permet non seulement d'économiser temps, argent ou effort, mais aussi d'obtenir des résultats des plus intéressants. Le bureau du leader est bien organisé : sur son bureau et dans ses tiroirs ne sont conservés que les objets vraiment nécessaires. Chaque jour, il dresse une liste des tâches à effectuer et les classe par priorité. Il termine toujours la tâche commencée avant de s'attaquer à la suivante. Impeccable, son système de classement est tenu à jour. L'environnement de travail du leader est organisé.

3. Les objectifs

Selon moi, il n'y a pas de réussite sans objectifs. Le leader connaît l'importance de déterminer des objectifs. Il consacre le temps nécessaire à la planification de ses objectifs, qu'ils soient personnels ou professionnels. Dans sa planification, il prévoit du temps pour sa famille, ses loisirs, la lecture, la détente, ses affaires et son développement personnel. Il équilibre ses objectifs de façon à demeurer leader tout en s'assurant une vie meilleure.

4. La prise de décision

Formé pour prendre facilement des décisions, le leader apprécie cet aspect de la gestion. Sa décision vise à faire avancer les choses ; il n'attend pas qu'elles avancent d'elles-mêmes.

5. Les risques

Le leader est le type de personne qui prend des risques. Il sait que, pour survivre à la concurrence, pour améliorer sa vie et son rendement, il doit prendre des risques. Selon Simone de Beauvoir, «Ce qui élève l'homme au-dessus de l'animal, ce n'est pas sa capacité de donner la vie, mais celle de risquer sa vie.»

6. La communication

Le leader brille par sa capacité à communiquer. Il choisit le moment propice pour parler et maîtrise l'art de faire passer ses messages. Il écoute attentivement et ne coupe jamais la parole aux gens. Il a une facilité à forger des liens privilégiés avec tout le monde, même les personnes les plus difficiles ; il sait très bien gérer les conflits et accepter les critiques.

7. La gestion du changement

Le changement fait partie de la vie quotidienne du leader. Comme il n'aime pas la routine, il apprécie le changement. Pour lui, le changement est à peu près la seule certitude que l'on peut avoir. À l'affût des changements dans les affaires, il sait s'adapter à ces derniers. Confucius n'a-t-il pas dit : «Si l'homme ne voit pas loin devant lui, il ne trouvera que la tristesse près de lui»?

8. La gestion du stress

Le leader aime son travail et considère qu'il travaille pour son propre compte, même s'il travaille pour une entreprise. Conscient des dangers dus au stress, il s'évertue à le maîtriser et à le rendre positif. Lorsque je les ai interrogés, de nombreux gestionnaires m'ont répondu qu'ils allaient marcher ou faire de l'exercice dans un centre de conditionnement physique pour éliminer le stress accumulé durant la journée. Peu importe la manière dont il s'y prend, le leader s'efforce de gérer et de contrôler le stress.

9. La capacité de déléguer

Le leader fait confiance aux autres et estime que le temps est un élément important. Il sait comment procéder pour déléguer à la bonne personne et au moment opportun le travail qui doit être effectué.

10. La vision et la créativité

Caractérisé par un excellent sens des affaires, le leader voit des choses que les autres ne voient ou ne comprennent pas. Très créatif, il est réputé pour ses idées originales qui lui occasionnent toutefois des critiques. Mais après quelque temps, les gens comprennent sa façon de concevoir les choses. À propos de l'imagination, George Bernard Shaw a affirmé : «L'imagination est la première étape de la création.»

11. La formation et l'esprit d'équipe

Le leader a un talent de formateur et aime partager ses connaissances avec les membres de son équipe. La valeur qu'il accorde au travail d'équipe se traduit par le souci dont il fait preuve à l'égard des membres de son équipe, par sa façon de les motiver et de les encourager pour qu'ils puissent atteindre leurs objectifs et ceux de l'entreprise. Mencius a souligné: «La plus grande qualité du sage est sa capacité à aider les autres à devenir efficaces.»

12. La motivation

Le leader comprend le besoin de la motivation et son pouvoir. Il reconnaît les efforts de chacun et sait féliciter en public comme en privé. Il est toujours là pour reconnaître les bons coups des membres de son équipe. Le leader met en application le conseil de Kenneth Blanchard dans son ouvrage *The One Minute Manager*: «Soulignez les bons coups de vos employés.»

13. Les compétences

Instruit, bien informé, le leader possède un grand bagage d'expérience. Il sait de quoi il parle. Cherchant à améliorer continuellement sa vie personnelle et professionnelle, il lit, écoute des cassettes, participe à des ateliers de formation et suit des cours spécialisés. Pour lui, acquérir de nouvelles compétences mène à une meilleure qualité de vie et à des affaires florissantes. Il est toujours prêt à s'élever vers les plus hauts sommets.

14. La confiance

Caractérisé par une forte personnalité, le leader fait preuve d'assurance lorsqu'il est confronté à une crise. Il est en mesure de contrôler toute situation et d'en tirer une leçon. Son assurance lui vaut encore plus le respect de son équipe qui éprouve un sentiment de sécurité en travaillant pour lui.

15. L'action

Le type leader est un actif. Le leader distingue très bien les paroles et l'inaction; il agit et veille à ce que le travail soit fait. Une fois son objectif fixé et planifié, il passe immédiatement aux actes. Comme Confucius l'a dit, «le sage s'applique à être lent dans ses discours et diligent dans ses actions». Les actions du leader parlent pour lui.

16. L'engagement

Pour le leader, la réussite est une question de temps. Suivant à la lettre sa planification, il connaît le pouvoir de la conviction et n'abandonne jamais facilement. Il est dévoué à son entreprise et à son équipe, il est décidé à réaliser ses objectifs, à offrir un excellent service à sa clientèle et à se façonner un mode de vie plus intéressant. Il se voue tout entier à la réussite.

17. L'énergie

Le leader a beaucoup d'énergie. Il surveille ses habitudes alimentaires et prend soin de son corps. Il s'assure de boire tous les jours assez d'eau et fait régulièrement de l'exercice. Son haut degré d'énergie physique et mentale l'aide à effectuer ses tâches.

18. La passion

Peu importe ce que vous apprenez sur le leader, vous trouverez toujours en lui un être passionné. Il aime ce qu'il fait et le fait passionnément, jour après jour.

19. La souplesse et la capacité d'adaptation

La souplesse et la capacité d'adaptation sont deux autres qualités du leader. Très engagé et persévérant lorsqu'il met son plan à exécution, il cherche de nouvelles avenues s'il voit que son plan ne lui permet pas d'atteindre ses objectifs. En toute circonstance, il s'adapte et modifie ses plans jusqu'à ce qu'il atteigne les résultats désirés.

20. L'honnêteté

Autoritaire lorsqu'il doit l'être, le leader est juste et loyal envers son entreprise, son équipe, son travail et sa clientèle. Il ne met jamais en péril son travail. Son honnêteté est citée en exemple par tous les membres de son équipe.

Voilà à mon avis les caractéristiques les plus importantes pour imposer son leadership. Ajoutons à cela que le leader travaille très fort, avec intelligence et sans compter les heures. Je laisse Publius Syrus conclure: «L'excellence n'est pas innée, elle mûrit avec le temps.»

55 Les 4 styles de leadership

«L'épreuve ultime du leader est de laisser derrière
lui, entre les mains d'autres hommes, la conviction
qu'ils peuvent continuer son œuvre et qu'ils ont le
désir de le faire.»

Walter Lippman

Il y a 20 ans, lorsque j'étudiais en gestion hôtelière les styles de leadership, on m'a enseigné qu'il y en avait deux styles : l'autocrate et le démocrate.

1. L'autocrate

L'autocrate dit et montre à ses employés où, quand et comment effectuer le travail. Ses employés ne font que suivre ses directives sans poser de questions. Il prend toutes les décisions. Il met l'accent sur les tâches et sur les résultats ; il excelle dans la productivité, mais n'a pas un sens très développé des relations humaines.

2. Le démocrate

Ce dernier discute des projets avec ses employés, sollicite leurs suggestions et prend la décision finale. Il met plutôt l'accent sur les relations humaines et l'esprit d'équipe. Il procède en expliquant le problème à son équipe et l'aide à trouver les solutions.

Je trouvais que cela n'était pas complet, alors j'ai continué mes recherches et mes études pour finalement distinguer quatre types de leaders qui se complètent. Voici un exemple :

Lorsque j'ai commencé à jouer au ping-pong, je voulais devenir champion. J'ai, par chance, trouvé un excellent entraîneur... Je devrais plutôt dire que c'est lui qui m'a trouvé. Dans un premier temps, il m'a raconté des anecdotes sur le ping-pong et m'a expliqué le langage de ce sport. Puis, étape par étape, il m'a montré comment jouer. Je me suis entraîné trois heures par jour, sept jours par semaine pendant six mois. Dans un deuxième temps, il a joué avec moi comme si nous étions en compétition. Il m'a entraîné tant qu'il a jugé bon de le faire. Ensuite, il m'a donné l'occasion de m'exercer avec d'autres joueurs et a invité des champions d'autres clubs à jouer avec moi. Lorsqu'il a jugé que le moment était venu, il m'a laissé participer à une compétition de niveau national. J'ai remporté le championnat d'Égypte. Puis mon entraîneur a recommencé à me diriger et à corriger certains de mes mouvements. Il m'a enseigné de nouveaux coups. Il ne s'est effacé que lorsque je suis devenu le champion d'Égypte pendant plusieurs années et lorsque j'ai participé aux championnats du monde, à Munich, en Allemagne.

Était-il un leader? Bien sûr. Est-ce que son travail a porté fruit? Bien sûr. Il a utilisé les quatre styles de leadership en fonction de la situation.

1. Diriger: il a commencé par m'expliquer le jeu.

2. Former et encadrer: il m'a ensuite formé et permis de m'exercer.

3. Motiver et soutenir: il a été une grande source de motivation et de soutien.

4. Déléguer: il m'a laissé participer à des compétitions.

De nombreux gestionnaires font l'erreur, après avoir embauché des employés, de leur dire ce qu'ils ont à faire, puis de leur demander de le faire. Ces gestionnaires s'attendent à ce que leurs employés effectuent leurs tâches sans aucune formation ni motivation. Ces nouveaux employés vivent donc dans la confusion, ce qui cause un taux élevé de rotation du personnel.

Il vous faut être direct avec vos employés. Vous devez premièrement leur parler, leur montrer ce qu'ils doivent faire et vous assurer qu'ils comprennent bien leurs tâches. Deuxièmement, formez-les pour le travail et faites-le avec eux jusqu'à ce que vous soyez sûr qu'ils puissent le faire par eux-mêmes. Troisièmement, vous devez aller sur le terrain avec eux. Laissez-les faire le travail tout en les appuyant. Quatrièmement, lorsque vous êtes rassuré sur leur compétence, laissez-les ; sachez vous retirer et déléguer.

Maintenant que vous avez délégué, recommencez à les diriger et à leur montrer quelque chose de nouveau. Maintenez-les continuellement occupés en utilisant les quatre styles de leadership et vous obtiendrez pour vous-même des résultats remarquables.

Les styles de leadership

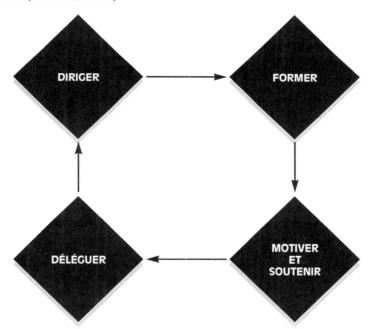

56 Imposer son autorité et son expérience

Vous pouvez être un leader, mais n'oubliez jamais qu'en raison de votre titre, vous méritez le respect. Vous êtes un membre de l'équipe, mais à l'occasion vous devrez décider de remettre un de vos employés à sa place pour le bien de tous. William Shakespeare a déjà dit: «Entre des pommes gâtées, le choix est vite fait.» Vous devez apprendre à jouer le jeu de l'autorité. Voici quelques suggestions:

1. Montrez que vous êtes capable de contrôler les situations qui requièrent du leadership et une forte personnalité.

2. Montrez que vous avez les compétences et les connaissances pour faire le travail mieux que quiconque.

3. Innovez, prenez des risques, demandez l'opinion des gens et montrez-leur que vous avez l'ouverture d'esprit nécessaire pour obtenir de meilleurs résultats.

Au cours du processus, ne vous laissez jamais piéger par le «syndrome du titre». Ne comptez pas sur votre titre pour gagner le respect et la reconnaissance des autres.

Maintenant, vous pouvez à votre tour devenir un excellent leader. Il ne tient qu'à vous d'en prendre la décision et d'aller de l'avant. Intégrez le leadership à votre mode de vie et vous serez surpris de constater une nette amélioration des quatre facettes de votre vie. Le leadership ne peut être remplacé par aucun autre style de gestion parce que ce n'est pas un style, mais une philosophie, une manière de vivre.

«Ceux qui veulent commander doivent d'abord
être des gagnants; ceux qui ont gagné contre
leurs opposants doivent être forts, et dans ce cas,
être capables d'utiliser la force des autres, mais
pour ce faire, il leur faut gagner le cœur des gens,
et pour gagner le cœur des gens, ils doivent être
maîtres d'eux-mêmes; pour le devenir, ils devront
faire preuve d'une grande souplesse.»

Sagesse chinoise
The Book of Leadership and Strategy

◆

Devenez un leader!

◆

LE TRAVAIL D'ÉQUIPE

**La force ultime
de la
réussite**

«*La définition du génie : deux personnes ou plus qui travaillent activement et dans un esprit positif à la réalisation d'un objectif précis représentent une force invincible.*»

Napoleon Hill

57 La force du travail d'équipe

*«La vie m'a appris une chose importante.
Je peux tout faire, mais je ne peux rien faire
tout seul. Personne ne le peut.»*

Robert Schuller

Un vieil homme dit à ses dix enfants: «Venez près de moi.» Ils vinrent tous s'asseoir près de lui. Le vieil homme leur donna à chacun un bâton et leur demanda de le briser. Ils se regardèrent d'un air surpris, mais ils firent ce que leur père leur demandait. Pour certains, briser le bâton fut facile, pour d'autres, difficile, mais tous réussirent. Le vieil homme les regarda avec un sourire bienveillant et leur donna un autre bâton à chacun d'eux et leur demanda d'attacher ensemble les dix bâtons, bien serrés. Puis, il leur demanda d'essayer de les briser. Ils essayèrent de leur mieux jusqu'à ce qu'ils aient mal, mais aucun d'eux ne réussit. Le père leur demanda alors de l'écouter attentivement. Après un moment de silence, il dit: «Vous voyez mes enfants, lorsque je vous ai donné à chacun un seul bâton, vous avez été capables de le briser, mais lorsque vous les avez attachés ensemble, aucun n'a pu même les tordre. Il en est de même pour vous. Seuls, vous pouvez être facilement détruits, mais si vous êtes solidaires, personne ne pourra vous faire de tort. Je n'ai qu'une chose à vous dire: restez ensemble, formez une équipe forte et vous serez invincibles.»

En fait, le travail d'équipe ne date pas d'aujourd'hui. Il est dans la nature des choses. Dans le règne animal, prenez par exemple les lions et les loups: ils chassent en groupe. Nos ancêtres avaient l'habitude de travailler ensemble pour survivre. À la chasse, la personne qui avait la meilleure acuité visuelle faisait le guet, tandis que la plus rapide et la plus forte chassait. Après la Deuxième Guerre mondiale, on s'est rendu compte que l'armée qui avait combattu en équipe avait réalisé un plus grand nombre d'exploits. La capacité des Japonais à travailler en équipe est le vrai secret de leur réussite. Leur souci premier n'est pas de savoir qui récolte les honneurs, mais plutôt de travailler et de gagner en équipe. C'est pourquoi le Japon est devenu aujourd'hui l'un des pays les plus riches au monde.

Le travail d'équipe permet à tous les membres de l'entreprise de développer un sentiment d'appartenance et un sens des responsabilités. Ils se sentent plus attachés à l'entreprise et se concentrent sur l'obtention de meilleurs résultats. De plus, travailler en équipe permet à la fois de se sentir valorisé et d'améliorer l'estime de soi et la confiance en soi. Cela favorise la communication, établit de bonnes relations et augmente la productivité et les profits. Bref, le travail d'équipe est la force ultime de toute entreprise.

«Les réalisations et les grandes découvertes sont le fruit de la coopération entre de nombreuses personnes.»

Alexander Graham Bell

Si le travail d'équipe est si important et si intéressant, pourquoi n'y a-t-il pas plus d'entreprises qui le privilégient?

Pour en connaître les raisons, j'ai rencontré et interrogé des centaines de gestionnaires et chefs d'entreprise qui ne prônent pas le travail d'équipe. Voici quelques-unes de leurs réponses:

- Nous ne croyons pas à l'efficacité du travail d'équipe.

- Il n'est pas pertinent pour notre type d'entreprise.

- Le travail d'équipe occasionne des coûts et demande du temps.

- Il exige trop d'efforts.

- Nous n'avons pas la patience de materner nos employés.

- Nous devons continuellement former, entraîner et assurer un suivi. Qui a le temps ou la patience de faire cela? Vous devez être un surhomme pour le faire.

Ce qui est curieux avec ces gestionnaires, c'est que, même s'ils désavouent le travail d'équipe, ils rencontrent souvent leurs employés, leur donnent des directives et se fient à leurs efforts pour obtenir les résultats souhaités. La seule différence, c'est qu'ils disent aux employés ce qu'ils ont à faire et rejettent le blâme sur eux lorsqu'un problème survient. Ces gestionnaires surveillent leurs employés et leur envoient des notes en pensant que le stress les fera mieux travailler. Comme Horace l'a dit, «la force sans l'intelligence s'effondre sous sa propre masse». Tout ce que ces gestionnaires réussissent à faire, c'est de stresser leurs employés qui n'attendent que l'occasion de partir.

Les recherches montrent que leur insécurité, leur ego ou la peur de ne pas pouvoir imposer leur autorité font craindre aux gestionnaires le travail d'équipe. Mais l'inverse est aussi vrai : grâce au travail d'équipe, les gestionnaires se sentent en sécurité et obtiennent des résultats exceptionnels.

N'oubliez pas le plus important des principes de gestion : vous pouvez accomplir des miracles en faisant confiance aux autres. Pour obtenir le meilleur des autres, pensez-en du bien et croyez en eux. Outil très puissant, le travail d'équipe est le propos de ce chapitre.

58 Les 5 piliers de l'équipe

«Si tout le monde travaille ensemble,
la réussite viendra d'elle-même.»

Henry Ford

La formation des équipes de travail doit reposer sur des assises solides. La confiance et le respect sont deux des piliers nécessaires à la formation d'une équipe et en assurent la cohésion. Cette équipe sera alors en mesure de gravir les échelons de la réussite et d'atteindre de nouveaux sommets. Voici les cinq piliers sur lesquels reposent une équipe :

1. La confiance

À ce sujet, John A. Holmes a dit : «Pour le cœur, aucune expérience n'est aussi significative que de se mettre à la portée des gens et de leur remonter le moral.» Vous devez aider les membres de votre équipe à développer leur confiance en eux et à croire en leur capacité de réussite. En retour, ils auront une plus grande confiance en vous, dans les autres membres de l'équipe et dans l'entreprise. Un climat de confiance doit régner dans l'équipe ; ses membres doivent croire au travail du groupe et à sa force qui permet d'avancer et d'atteindre les objectifs qui semblaient hors de portée auparavant.

2. La considération

Tout être humain est important et aime être reconnu. Tous les membres de votre équipe souhaitent que vous les appréciiez. Tous doivent se soutenir réciproquement et s'intéresser aux autres et à l'entreprise. La considération est l'un des éléments de base du travail d'équipe, et ce, pas seulement en affaires mais aussi dans la vie privée. Chacun des membres doit faire sa part et ne pas attendre que les autres la fassent à sa place. Montrez aux autres que vous avez de la considération pour eux et ils en auront pour vous. L'attention que vous portez aux autres vous amène à vous sentir bien dans votre peau, les autres vous témoignent de l'intérêt, c'est le bonheur ultime.

3. L'engagement

Selon moi, travailler fort nous mène à la réussite et celle-ci nous porte au sommet. Mais pour rester au sommet, nous devons nous y engager. Les membres de l'équipe doivent s'investir dans la mission de l'entreprise et se consacrer à l'atteinte des objectifs et à la réussite de l'équipe.

4. La coopération

Grâce au travail d'équipe, des personnes ordinaires peuvent se surpasser. Je suis convaincu qu'elles peuvent améliorer leur performance et atteindre les sommets de l'excellence. Aussi soucieux des résultats de l'équipe que des résultats individuels, les membres de l'équipe doivent mettre l'accent sur l'entraide et la coopération. Selon une maxime chinoise, «Mille personnes animées par le même objectif ont le pouvoir de mille personnes. Dix mille personnes animées d'objectifs différents ne sont d'aucune utilité.»

5. L'attribution des honneurs

On doit encourager les membres de l'équipe à se partager les honneurs. Les membres doivent comprendre qu'ils ne sont pas seuls, qu'ils forment une équipe tout comme dans les sports où tous les joueurs se dépassent et jouent intensivement jusqu'à ce qu'ils gagnent; à ce moment-là, ils partagent les honneurs. Ils disent alors «Nous avons gagné» et non «J'ai gagné». Comme le souligne Vincent Lombardi, «l'accomplissement d'une organisation est le résultat des efforts combinés de chaque individu.» Les coéquipiers doivent reconnaître l'importance de la contribution mutuelle et l'admettre. Après tout, c'est la raison d'être d'une équipe.

Lorsque tous les membres de l'équipe ont très bien compris les cinq piliers qui forgent une équipe et qu'ils les ont intégrés à leur vie, ils deviennent plus forts. L'équipe qui repose sur des assises solides résistera aux contretemps ou aux obstacles. Une telle équipe est sur la voie de la réussite totale.

Les 7 principes de la formation d'une équipe solide

«Aucun de nous n'est aussi fort
que nous tous réunis.»

Kenneth Blanchard

Lorsque vous décidez de partir en voyage, vous tenez à savoir où vous allez, pourquoi vous y allez et comment vous y rendre. Vous avez besoin d'une carte pour vous guider efficacement et pour atteindre votre destination le plus rapidement possible. Il en est de même pour la formation d'une équipe. On doit s'assurer en premier lieu de la pertinence de sa formation, puis on doit emprunter le bon chemin : celui qui conduit au sommet. Pour former une équipe solide et gagnante, vous avez besoin d'un guide, d'une carte qui vous montre la voie. Mais le chemin vers le sommet n'est pas facile. Les sept principes suivants vous aideront à former l'équipe qui vous mènera à la réussite.

1. Le recrutement

C'est le principe le plus important dans la formation d'une équipe. Qui devriez-vous inclure dans votre équipe ? Combien de personnes devraient la composer ? Quels sont les critères de sélection ? Le leader doit faire preuve de prudence au moment du recrutement ; il ne doit pas choisir seulement les personnes qui lui plaisent. La sélection devrait être faite en collaboration avec les autres membres de l'équipe pour assurer que le choix porte sur le meilleur candidat possible. Un gestionnaire m'a déjà confié : «Le secret de ma réussite, c'est ma capacité à choisir les personnes appropriées pour travailler avec moi.» Lorsque je lui ai demandé comment il procédait, il m'a répondu : «J'embauche des personnes qui ont une attitude positive, qui veulent s'améliorer et progresser, et par-dessus tout, des personnes qui aiment travailler en équipe.»

2. La formation

Lorsque tous se sont mis d'accord sur le choix de la personne à embaucher, il incombe au gestionnaire de commencer la formation du nouvel employé. En fait, il a le choix de le faire lui-même ou de déléguer cette responsabilité à un autre membre de l'équipe. En premier lieu, il s'agit de mettre le nouvel employé au courant des activités de l'entreprise et de son orientation. Puis il importe de le présenter aux autres membres de l'équipe et de le mettre au courant des produits ou services dont s'occupe l'équipe en question. On doit fournir à l'employé tous les outils nécessaires à son travail, puis lui faire visiter l'entreprise et lui présenter les autres employés. Ainsi, le gestionnaire s'assure que l'employé est fin prêt à effectuer son travail et qu'il comprend parfaitement ce qu'on attend de lui avant de le laisser aller sur le terrain. Dans certaines entreprises, un délai de trois mois doit s'écouler avant de permettre à un employé de rencontrer des clients ou d'aller sur la route. L'employé qui a reçu une formation adéquate est plus confiant lorsque vient le moment d'aller sur le terrain et d'obtenir des résultats. Les paroles suivantes résument bien cette idée : «Donnez un poisson à un homme et vous le nourrirez pour un jour ; montrez-lui à pêcher et vous le nourrirez pour toujours.»

3. La communication

Une fois que l'employé a été sélectionné selon ses compétences, qu'il a été formé et qu'il est prêt à assumer ses responsabilités, le gestionnaire doit décider d'un processus de communication. Nombre de gestionnaires croient qu'il suffit de laisser l'employé à lui-même pour que le travail soit exécuté. Ils se demandent ensuite pourquoi l'employé démissionne ! En fait, il n'était pas guidé, encouragé, motivé, ni orienté dans la bonne direction. Il y avait absence de communication. Vous devez communiquer avec les membres de votre équipe, particulièrement avec les nouveaux employés. Rencontrez-les souvent, organisez des rencontres en tête-à-tête et soyez accessible lorsqu'ils souhaitent vous rencontrer.

Peu importe ce que vous faites, communiquez régulièrement avec eux en tenant compte des points suivants :

- Exprimez-vous en fonction de la réussite de l'équipe, et non en fonction de la réussite individuelle.

- Traitez chaque personne comme si elle était la plus importante.

- Démontrez de l'intérêt à chaque personne.

- Écoutez vos employés attentivement lorsqu'ils prennent la parole.

- Utilisez leur prénom, souriez-leur et félicitez-les souvent.

4. Le point de vue

Il incombe au gestionnaire d'aider les membres de son équipe à développer leur propre point de vue, de les encourager à soumettre des idées et de les féliciter lorsqu'ils en proposent une.

5. La planification des objectifs

La planification des objectifs, la définition d'une stratégie et d'un plan d'action permettant la réalisation des objectifs doivent être le fruit d'une collaboration entre le gestionnaire et les membres de l'équipe. Cette collaboration renforce l'équipe. À ce propos, Tom Peters a déjà mentionné : «Demandez la collaboration de tout le monde pour tout.»

6. La reconnaissance

Le gestionnaire, à l'instar des autres membres du personnel, devrait souligner la réussite de chaque membre de l'équipe et profiter de toutes les occasions pour le faire, et surtout pour le faire en public. Tous les membres devraient être heureux lorque l'un d'entre eux réussit.

Lorsque j'étais directeur général d'un hôtel de Montréal, j'ai reçu le Certified Food and Beverage Executive (CFBE), une récompense de l'American Hotel and Motel Association. Le président de l'entreprise pour laquelle je travaillais m'a fait parvenir une lettre dont une copie avait été envoyée au propriétaire. J'étais enchanté. Soudain, vers 16 h 30, on m'a téléphoné pour une urgence. Je suis sorti de mon bureau au pas de course pour voir ce qui se passait et, à ma grande surprise, tous les employés étaient là pour célébrer cet événement. Ils m'ont offert un cadeau sur lequel était gravé mon nom et le titre de ma récompense. Ce geste a démontré l'esprit d'équipe qui nous unissait. J'ai été très touché de cette attention. Toutes les occasions sont bonnes pour apprécier et souligner les performances.

7. L'objectif ultime du travail d'équipe

Montrer à ses employés à travailler en équipe n'est pas tout. Le gestionnaire doit souligner les retombées du travail d'équipe sur l'équipe même ainsi que sur l'entreprise et sur tous ses membres. Il doit aussi déterminer l'objectif précis du travail d'équipe, qui est essentiel non seulement à la réussite en affaires mais à la réussite de la vie privée. Former une équipe est une bonne idée, mais encore faut-il avoir un but qui le justifie. Sans but précis, l'équipe n'a pas sa raison d'être et avance dans le brouillard. D'ailleurs, les équipes qui réussissent ont, à la base, un objectif précis servant de gouvernail. C'est une différence qui fait la différence.

Donc, avant de former une équipe, ou si vous désirez rendre plus efficace et productive celle qui existe déjà, prenez quelques instants pour relire ce chapitre. Vous pourriez y trouver les réponses à vos questions. Ses sept principes sont les matériaux qui permettent de bâtir de manière sûre, facile et rapide une équipe garante de la réussite. À ce propos, Publius Syrus a souligné : «Nombreux sont ceux qui reçoivent des conseils, mais peu savent en tirer profit.» Alors, tirez profit des conseils qui vous conduiront à la réussite.

D'après mes recherches et mon expérience, je considère ces sept principes comme les plus importants pour garantir la réussite de toute équipe.

60 Comment composer une équipe

«Pour former une équipe, je cherche en premier
des personnes qui veulent gagner. Si je n'en trouve
pas, je cherche alors celles qui détestent perdre.»

H. Ross Perot

Qui choisir pour faire partie de votre équipe ? Des personnes qui vous ressemblent, des personnes qui vous mettent à l'aise et qui sont d'accord avec vos décisions et vous-même ou des personnes qui sont différentes de vous, qui ne sont pas d'accord avec vous et qui vous compliquent la vie ?

Il est rassurant de faire équipe avec des personnes qui nous ressemblent, mais cela ne nous est pas toujours d'une grande aide. En effet, une équipe a besoin de personnes qui ont des valeurs et des comportements variés; donc, certains membres peuvent être en désaccord avec vous ou avec les autres membres. Ce sont les règles du jeu. Mais ce type d'équipe hétérogène vous permet d'obtenir des points de vue auxquels vous n'auriez peut-être pas pensé.

Voici quelques types de caractère qui doivent composer votre équipe :

1. Le type ambitieux

C'est le type de personne active qui met l'accent sur les résultats et qui prend rapidement des décisions. Elle a une forte personnalité et aime prendre des risques. C'est une personne dynamique, loyale et honnête.

2. Le type posé

Ce type de personne réunit l'information nécessaire et mûrit sa décision. De nature patiente et prudente, cette personne analyse la situation pour s'assurer de prendre une décision éclairée. Elle se base sur des faits.

3. Le type administrateur

Ce type de personne respecte le processus administratif et assure le suivi en vue de maintenir l'équipe sur la bonne voie. Pour une telle personne, les rapports et la paperassse permettent de suivre les procédures et les politiques d'entreprise et d'assurer un contrôle. C'est elle qui ramène ses collègues sur le droit chemin lorsqu'ils s'en écartent.

4. Le type charismatique

Caractérisée par une personnalité avenante, ce type de personne met les gens à l'aise. Elle excelle à faire ressortir les forces et les talents des membres de l'équipe; c'est sans doute sa plus grande qualité; elle représente donc un atout pour l'équipe.

5. Le type rêveur

Visionnaire et créative, cette personne a une imagination fertile et propose des idées originales; elle ne se soucie pas des menus détails. Elle porte plutôt son attention sur l'avenir et sur l'entreprise dans son ensemble.

Parmi ces types de caractère, lesquels composent votre équipe? Comme vous le constaterez, il est important d'avoir une équipe composée de types de caractère différents. Une telle équipe n'est pas facile à gérer, mais très puissante. Votre vie n'en sera que plus excitante.

61 Comment augmenter la productivité d'une équipe

«Ce qu'un homme imagine, les autres le réalisent.»

Jules Verne

Jean, un pêcheur dans la trentaine, avait travaillé fort toute sa vie. Il était grand, vigoureux, bien bâti et très intelligent. Il partait très tôt tous les matins et ne revenait jamais avant la tombée de la nuit. Un jour, un de ses amis lui fit remarquer qu'il n'avait pas l'air heureux et lui demanda: «Pourquoi es-tu triste?» «Je travaille très fort, jour après jour. Je suis fatigué. Je ne fais rien d'autre que pêcher toute la journée», répondit Jean. Son ami lui sourit et dit: «Cherche de l'aide. Tu as besoin d'autres bras pour travailler avec toi.»

Jean remercia son ami et commença tout de suite à chercher de l'aide. À sa grande surprise, dix hommes forts étaient prêts à travailler avec lui; cependant, ils n'avaient pas d'expérience. Il leur enseigna alors tous les rudiments de la pêche. Il les amena pêcher avec lui jusqu'à ce qu'ils soient prêts à y aller tout seuls.

Un bon matin, Jean réunit les hommes et leur annonça: «Mes amis, entraînés comme vous l'avez été, vous êtes fin prêts à travailler ensemble. Aujourd'hui, vous irez donc pêcher sans moi. Faites de votre mieux. Bonne chance et que Dieu vous bénisse.» Les hommes étaient heureux de la confiance que Jean leur témoignait ; heureux aussi de pouvoir aller à la pêche sans lui. Jean fut content de constater que ses hommes revinrent avec beaucoup de poissons. Il avait trouvé une solution à son problème. Il avait maintenant une équipe excellente et enthousiaste qui travaillait fort.

Mais après six mois, Jean se rendit compte que son équipe ne rapportait pas autant de poissons qu'auparavant. Ses hommes ne semblaient plus intéressés par leur travail. Comme il ne savait que faire, Jean retourna voir son ami pour lui demander conseil. Son ami lui dit en souriant: «Jean, c'est bien beau de former une équipe, mais si tu ne sais pas comment motiver ces hommes à être productifs, cela peut te causer plus de tort que de bien. Tu dois les tenir occupés et leur donner de nouveaux défis à relever.»

Après avoir remercié son ami, Jean dit à son équipe une fois de retour: «Aujourd'hui, nous allons pêcher à un autre endroit et intervertir les rôles. Pour cette journée, nous visons une prise de 300 gros poissons.» Enthousiastes, ils partirent à la pêche avec entrain et revinrent avec le nombre de poissons qu'ils s'étaient fixés. Ils fêtèrent leur réussite. Depuis ce jour, Jean a compris l'une des règles du travail d'équipe: il faut tenir les membres de l'équipe occupés et leur donner de nouveaux défis pour qu'ils demeurent productifs.

Par cette histoire, je voulais simplement vous montrer que les coûts d'exploitation peuvent être très élevés si on ignore comment garder son équipe productive, même si celle-ci est excellente. Apprenez à tenir les membres de votre équipe occupés, trouvez des moyens de briser la routine et assurez ainsi sa productivité.

Voici cinq stratégies qui vous permettront de rendre votre équipe productive.

1. Imposez des délais plus courts.

Il est bon et sain d'imposer des délais plus courts afin de sortir votre équipe de la léthargie due à la routine. Donnez de nouvelles tâches aux membres de votre équipe et demandez-leur de les effectuer en moins de temps qu'il ne leur en faut habituellement, en exigeant la même qualité et la même efficacité.

2. Donnez-leur un défi à relever.

Tout peut représenter un défi. Par exemple, vous désirez augmenter les ventes de 10 %. Convoquez les membres de votre équipe à une réunion et expliquez-leur-en la raison; invitez-les à proposer des idées et des solutions pour réaliser cet objectif.

Puis de concert avec eux, établissez un échéancier qui leur sera confié. Définir des objectifs avec les membres de l'équipe, les amener à prendre de nouveaux risques, à essayer de nouvelles choses et à fournir un peu plus d'efforts que d'habitude apporte de nombreux résultats.

3. Mettez en vedette l'idée de la semaine.

À la prochaine réunion, suggérez le principe de «l'idée de la semaine». Voici comment faire : convoquez une réunion pour le lundi et demandez à chacun des membres de trouver au moins deux idées pouvant aider à réduire les plaintes de la clientèle ou à mieux les traiter, à améliorer le service à la clientèle, à augmenter la productivité, à améliorer l'efficacité de l'équipe et le rendement de l'entreprise, ou pouvant permettre à celle-ci de demeurer concurrentielle. Donnez-leur une semaine pour trouver des idées. Au cours de la réunion le lundi suivant, analysez toutes les propositions avec votre équipe et ne retenez qu'une seule idée, qui sera celle de la semaine. Vous pouvez aussi les retenir toutes et les mettre en pratique une à la fois. Ensuite, confiez des responsabilités aux membres de votre équipe pour mettre en pratique les propositions retenues.

Le principe de l'idée de la semaine présente de nombreux avantages :

- Il favorise la créativité de l'équipe.

- Il favorise l'apport de nouvelles idées qui pourraient vous aider à atteindre votre objectif plus rapidement.

- Il permet de briser la routine au travail.

Donn Piott a souligné : «L'homme sage est celui qui sait tirer profit de l'intelligence des autres pour sa propre entreprise.»

4. Relevez le problème de la semaine.

Procédez de la même façon que pour la meilleure idée, mais cette fois pour le problème de la semaine. Au cours d'une réunion, demandez aux membres de votre équipe à quels problèmes ils font face quotidiennement ou organisez un remue-méninges en équipe pour trouver des solutions différentes et originales à un problème que vous aurez soumis au groupe. La semaine suivante, choisissez avec votre équipe les solutions appropriées. Ce principe du problème de la semaine :

- permet à votre équipe de collaborer à trouver des solutions aux problèmes ;

- permet de vous tenir au courant des problèmes qu'affronte quotidiennement votre équipe ;

- renforce le sentiment d'appartenance à l'équipe et à l'entreprise ; de plus, vos employés sont amenés à réfléchir et à devenir plus responsables.

5. Organisez des visites d'entreprises.

De temps en temps, emmenez les membres de votre équipe visiter une entreprise ! Amenez-les chez l'un de vos concurrents ou dans une entreprise reconnue pour sa crédibilité et sa réussite afin de connaître leur savoir-faire. Votre équipe peut toujours apprendre quelque chose de nouveau qui peut contribuer à vous maintenir en tête de la concurrence. Vous pouvez également envoyer différents membres de votre équipe visiter des concurrents différents. Ensuite, au cours des réunions suivantes, demandez à ces groupes de faire un compte rendu de leur visite et partagez cette information avec tous les autres membres de l'équipe. C'est une façon pour vous et votre équipe de vous tenir au courant de ce qui se passe sur le marché et de réfléchir sur les améliorations qui peuvent être apportées à vos propres activités.

L'utilisation de ces cinq stratégies peut contribuer à assurer la productivité de votre équipe, à lui insuffler de l'énergie, à l'amener à faire preuve d'originalité et finalement à être plus motivée. Il serait bon d'encourager vos employés à se rencontrer une fois par semaine de façon informelle après le travail, pour le lunch ou pour aller prendre un café. Vous pouvez aussi inviter votre équipe une fois par mois à souper ou à prendre un café. Dans le cas d'un souper, les membres de l'équipe pourraient à tour de rôle choisir le restaurant.

Personnellement, j'ai mis sur pied le souper du mois : les membres reçoivent à tour de rôle toute l'équipe à un endroit de leur choix et chacun apporte un plat et un dessert. C'est une façon de nous rencontrer, de partager un bon repas dans une atmosphère agréable. Peu importe le genre d'activités organisées, celles-ci renforcent les liens entre les membres de l'équipe qui devient en quelque sorte une seconde famille.

62 Comment intégrer les solitaires

«La réussite d'une personne dépend toujours
d'autres personnes qui excellent à trouver le
meilleur en chaque chose et en chaque personne.»

Ruskin

L es personnes solitaires préfèrent travailler seules; elles ne
se sentent pas à l'aise dans le travail d'équipe. Peut-être
avez-vous embauché vous-même cette personne ou
travaillait-elle déjà dans l'entreprise. Peu importe la situation,
voici quelques suggestions pour vous aider à intégrer une
personne solitaire dans votre équipe.

1. Rencontrez la personne solitaire.

Rencontrez seul à seul cette personne et essayez de mettre le
doigt sur le problème.

2. Distinguez le comportement des intentions.

Un comportement n'est peut-être pas le reflet des intentions; on
peut avoir de bonnes intentions et présenter un comportement bon
ou mauvais. En programmation neurolinguistique, on présuppose
que, pour chaque comportement, il y a une bonne intention. Essayez
de découvrir l'intention qui se cache derrière le comportement de la
personne et prenez en considération cette intention.

3. Définissez vos objectifs.

Innovez en définissant un objectif ayant trait à l'attitude et
établissez un échéancier.

4. Participez au processus de changement de la personne.

Aidez-la à parfaire ses connaissances, formez-la, entraînez-la, appuyez-la pour l'aider à améliorer ses compétences. Si elle souffre de timidité, aidez-la à développer sa confiance en elle et sa confiance envers les autres.

5. Évaluez le changement.

À la fin de l'échéancier, rencontrez de nouveau la personne pour évaluer les résultats du processus de changement.

6. Congédiez si nécessaire.

Si toutes vos tentatives ont échoué, que la personne n'a toujours pas amélioré son comportement, vous devrez la congédier pour sauver l'équipe.

63 Comment gérer les conflits d'équipe

«Dans l'adversité, n'oubliez pas de garder
un esprit serein.»

Horace

Indépendamment des tentatives et des efforts que l'on fait pour bâtir une bonne équipe, des conflits peuvent toujours survenir. Lorsqu'ils éclatent, ayez l'esprit ouvert et apportez votre aide. Ne vous mêlez pas trop du conflit, mais ne l'ignorez pas et surtout ne jugez pas ou ne prenez pas le parti de l'un des membres. Agissez comme médiateur. À ce propos, William Shakespeare a déclaré : «Bénis soient les médiateurs en ce monde.» Vous devrez tout de même prendre les décisions difficiles qui s'imposent. Voici comment procéder intelligemment pour régler les conflits de votre équipe et lui épargner des problèmes.

1. Encouragez les membres de votre équipe à résoudre entre eux leurs problèmes. Incitez-les à s'asseoir à la même table pour discuter calmement de la situation afin de trouver des solutions aux problèmes. Si cela ne fonctionne pas, passez au point suivant.

2. Suggérez la présence d'une tierce partie pour aider les membres de votre équipe à en arriver à un accord. Si la médiation ne fonctionne pas, essayez le point suivant.

3. Incitez les deux parties à utiliser les services d'un arbitre qui les écoutera, puis prendra une décision. Les deux parties devront accepter la décision de l'arbitre, étant donné qu'elles l'ont choisi elles-mêmes pour son bon jugement. Si cela ne fonctionne toujours pas, alors suivez la démarche suivante.

4. Faites venir les parties concernées dans votre bureau et procédez comme suit:

a) Rappelez-leur l'objectif du travail d'équipe.

b) Demandez-leur de se concentrer sur les résultats, et non sur les comportements et les propos tenus dans le passé.

c) Demandez à chacun des membres de faire la paix et de vous dire ce qu'ils considèrent comme important.

d) Demandez-leur quelle serait, selon eux, la solution idéale.

e) Demandez-leur quelle aide vous pourriez leur apporter.

f) Demandez-leur de définir un plan d'action et ce qu'ils comptent faire pour éviter qu'une telle situation ne se reproduise.

g) Résumez la situation. Remerciez-les, rappelez-leur qu'ils forment une équipe et faites-leur part des conséquences si la situation ne s'améliorait pas.

h) Assurez un suivi.

Comme je l'ai déjà mentionné, ne portez pas de jugement, ne prenez pas parti et n'essayez pas de résoudre le problème à leur place. Ce sont les parties en cause qui devraient proposer une solution. Vous montrerez ainsi à vos employés comment régler des problèmes identiques qui pourraient survenir dans le futur. En apportant votre aide et en assurant un suivi, vous épargnerez à votre équipe des conflits qui pourraient lui causer un tort considérable, ainsi qu'à l'entreprise et à vous-même.

On demanda à deux tailleurs de pierre ce qu'ils faisaient. Le premier répondit «Je taille la pierre pour en faire des blocs», et le second: «Je fais partie de l'équipe qui construit la cathédrale.» Comme vous pouvez le constater, le travail d'équipe porte fruits. Toutefois, s'il n'y a pas d'équipe dans votre milieu de travail, vous devriez y réfléchir sérieusement et en former une. Si une équipe de travail existe déjà, alors apportez-lui des améliorations et maximisez son potentiel. Si vous contribuez à son essor, l'équipe vous aidera en retour à vous améliorer. Évitez les commentaires négatifs à propos du travail d'équipe. Certes, il y a partout des personnes négatives qui tentent de vous convertir à leur cause et de vous amener à vous comporter comme elles. Comme l'a dit Confucius: «Ceux qui empruntent des chemins différents ne sont pas de bon conseil.» Il en est de même des personnes négatives ; puisqu'elles empruntent des chemins différents, ne les écoutez pas. Le travail d'équipe doit faire partie de votre vie. Rappelez-vous ce leitmotiv des Trois Mousquetaires : «Tous pour un et un pour tous.» Comme personne ne peut tout faire tout seul ni être à deux endroits en même temps, il est important de se joindre à une équipe. Faites du travail d'équipe un mode de vie et vous serez sur le chemin de la réussite ultime.

◆

Prenez la décision
de former
une équipe!

◆

RÉALITÉ Nº 10

LA DÉLÉGATION

La voie
de la
liberté

«De toute évidence, l'une des raisons qui motivent la délégation, c'est le souci de faire faire le travail, de bien le faire, et dans les délais.»

Max DePree

64 La capacité de déléguer

«Avant de déléguer, le supérieur hiérarchique
s'assure que son subordonné possède les habiletés
et la motivation suffisantes pour réussir.»

Marcel Côté

Qu'est-ce que vous dites? Déléguer? Vous voulez que je laisse les autres faire mon travail? Voulez-vous me faire perdre le contrôle et courir le risque d'être blâmé par la direction? Aussi bien exiger ma démission!

Ces propos vous sont familiers? Que pensez-vous du fait de déléguer? Est-ce que vous déléguez?

La plupart des gestionnaires, particulièrement ceux qui viennent d'être promus, ne veulent rien savoir de la possibilité de déléguer. C'est comme s'ils y étaient allergiques! Mais ils soulèvent un point important. Réfléchissez-y. Avant d'être promue à un poste de gestion, la personne a dû démontrer qu'elle était performante et efficace. Elle appréciait ce travail, et c'est toujours le cas, particulièrement lorsqu'on la félicitait en public. Devenue gestionnaire, cette personne veut toujours être aussi active et performante pour obtenir la reconnaissance des autres et voir ses efforts récompensés. Vous ne pouvez demander à cette personne, pour qui le contrôle n'existe que dans la mesure où elle fait le travail elle-même, de déléguer. Elle se sentira incompétente ou croira qu'on veut la mettre à l'écart, si bien qu'elle sera réticente à toute idée de déléguer. C'est pourquoi le gestionnaire nouvellement promu doit être formé pour maîtriser l'art de déléguer. Il doit en comprendre la philosophie et la signification. En maîtriser l'art est utile non seulement pour lui mais pour toute l'entreprise. Sa perception, son attitude et ses croyances doivent changer. Il doit comprendre qu'il ne peut être partout à la fois et tout faire en même temps.

Le gestionnaire doit apprendre à faire confiance aux personnes auxquelles il aura délégué certaines tâches. Il aura ainsi plus de temps à consacrer aux tâches plus importantes. En effet, il doit comprendre que, dans le domaine de la gestion, déléguer est une condition pour avancer, sinon il doit se résigner à stagner.

Dans certaines entreprises, un gestionnaire n'obtiendra pas de poste supérieur s'il ne prépare personne à lui succéder. Quelquefois, des entreprises iront même jusqu'à rétrograder un gestionnaire qui n'a pas la capacité de déléguer ou qui ne prépare pas de successeur! Évidemment, un travail effectué par un gestionnaire pourrait être mieux fait dans des délais plus courts, mais cela ne lui permettra pas d'avancer. De fait, s'il ne délègue pas, il se retrouve, à court terme, noyé sous la paperasse, les rapports, les notes, le courrier et les réunions sans avoir le temps d'effectuer son propre travail. À long terme, il se plaindra continuellement et n'aura aucune possibilité d'avancement. Donc, la capacité de déléguer rapporte à court terme et à long terme.

Les 6 motifs pour lesquels les gestionnaires détestent déléguer

«La délégation constitue un entraînement au pouvoir et non un abandon du pouvoir.»

Pierre-Marc Meunier

P ourquoi les gestionnaires détestent-ils déléguer? Les motifs sont aussi variés que les personnes. Il peut y avoir des motifs profonds liés aux valeurs et aux croyances de la personne. Selon moi, il est possible de résoudre ces problèmes, mais cela prendra plus de temps, d'efforts et de patience pour changer la mentalité de la personne.

Par exemple, une personne est élevée dans un milieu où le mot confiance est absent, subit une programmation négative de la confiance et reçoit continuellement le message: «Ne fais pas confiance aux gens, ils sont mauvais, ils veulent avoir le dessus sur toi». Cette personne grandira dans la peur des autres et pensera que tout le monde veut prendre le dessus sur elle.

Cette personne peut être devenue un gestionnaire qui n'avait pas à déléguer, de sorte que personne ne s'est rendu compte qu'elle n'était pas un adepte du travail d'équipe. En outre, personne ne connaissait ses croyances ni ses sentiments à l'égard des autres membres. Donc, ce type de gestionnaire, trouvant difficile de déléguer et de travailler en équipe, se tient sur la défensive et nuit à l'entreprise, à son personnel et à lui-même.

Lorsqu'il se trouve obligé de déléguer, le gestionnaire se cache derrière des mots tels que «C'est mon travail, je suis le directeur». À moins d'obtenir de l'aide d'un collègue pour corriger ce comportement autocratique, ce type de gestionnaire peut causer un tort considérable à force de blâmer les gens et de douter de tout et de tout le monde. N'étant pas sûr de lui-même, il envoie des notes, sanctionne les gens pour la moindre vétille, congédie des employés tout en se plaignant presque tout le temps. Il répète constamment: «On ne peut faire confiance à personne de nos jours!» La direction devra se départir de ce gestionnaire ou l'aider à corriger son comportement.

Toutefois, il existe d'autres motifs plus faciles à traiter et pouvant être résolus plus rapidement que le précédent. Voici six motifs pour lesquels les gestionnaires n'aiment pas déléguer.

1. Perdre le contrôle.

En déléguant ses tâches à quelqu'un d'autre, le gestionnaire, habitué à tout faire lui-même, à contrôler toutes les activités et à garder un œil sur les résultats, croit perdre le contrôle.

2. Perdre du temps.

Parce qu'il ne fait pas confiance à ses employés, le gestionnaire préfère effectuer lui-même le travail pour gagner du temps. En effet, pour lui, former un employé et devoir accepter ses erreurs est une perte de temps complète. Il se considère comme la personne la mieux placée pour faire le travail. Il blâme les autres de lui faire perdre du temps.

3. Perdre le pouvoir et l'influence.

En déléguant les tâches à d'autres, le gestionnaire croit perdre de son pouvoir et de son influence sur les gens et, en conséquence, a peur de perdre son poste.

4. Perdre les honneurs et la reconnaissance.

Habitué à tout faire, donc à récolter tous les honneurs, le gestionnaire craint d'être soustrait de la partie excitante du travail et de perdre la reconnaissance qui en découle s'il délègue des tâches.

5. Être blâmé.

Le gestionnaire craint d'être blâmé pour les erreurs de la personne à qui il délègue la tâche à effectuer. Il est convaincu d'avoir à porter le blâme si jamais le travail n'était pas bien fait.

6. Éviter d'imposer un fardeau aux employés.

Le gestionnaire n'aime pas faire porter à ses employés un fardeau trop lourd pour leurs épaules. Selon lui, c'est son travail et il doit le faire lui-même.

Vous êtes-vous retrouvé dans l'une de ces situations ? Avez-vous déjà travaillé avec l'un de ces types de personnes ? Si c'est le cas, apportez des changements immédiatement; déléguer vous permettra de retirer plus d'avantages que de tout faire vous-même.

66 Les 10 avantages de la délégation

«L'homme doit avoir l'occasion de pratiquer
l'art qu'il maîtrise le mieux.»

Aristophane

L e capacité de déléguer a des avantages. Je vais vous montrer comment ainsi vous pouvez gagner temps et argent, et comment vous pouvez améliorer chaque facette de votre vie. Déléguer vous permettra de profiter des dix grands avantages suivants:

1. Gérer le temps.

Déléguer certaines de vos tâches à d'autres vous permet d'en effectuer d'autres plus importantes.

2. Augmenter la productivité.

Comme vous n'avez plus à effectuer les tâches de moindre importance qui absorbent une partie de votre temps, vous pouvez vous concentrer sur des sujets substantiels, développer d'autres compétences et accepter un nombre plus grand de tâches susceptibles d'augmenter la productivité et les profits de l'entreprise.

3. Bâtir une équipe basée sur la confiance.

En déléguant certaines de vos tâches à vos employés, vous leur démontrez votre confiance en leur capacité à bien faire le travail.

4. Développer les compétences de l'équipe.

Le fait de déléguer permet à vos employés d'acquérir de nouvelles compétences et d'enrichir leurs connaissances. Ils ne s'enlisent pas dans une routine confortable ; ils maximisent leur potentiel et en fin de compte obtiennent de meilleurs résultats.

5. Augmenter la satisfaction et réduire la rotation du personnel.

L'acquisition de nouvelles compétences et de connaissances permet à vos employés non seulement d'améliorer la qualité de leur travail et de leur vie, mais de gravir les échelons dans leur domaine. Leur satisfaction à l'égard de leur travail n'en sera que plus grande ; ils demeureront plus longtemps au sein de l'équipe.

6. Augmenter la motivation.

Les membres de l'équipe apprécient qu'on leur fasse confiance et qu'on leur donne la possibilité de développer de nouvelles compétences et d'obtenir de l'avancement. Leur motivation et leur productivité s'en trouvent améliorées.

7. Augmenter le contrôle.

En déléguant intelligemment et en assurant un suivi, il vous sera plus facile de vous concentrer sur les résultats et de faire des recommandations pour que le travail soit bien fait. Avec le recul, vous aurez un meilleur jugement et pourrez mieux contrôler la situation.

8. Mieux évaluer les membres de votre équipe.

En déléguant certaines tâches aux membres de votre équipe, vous aurez l'occasion de les voir en accomplir de nouvelles. Ainsi, vous pourrez avoir une idée de leur comportement dans d'autres situations et mieux évaluer leurs forces et leurs faiblesses.

9. Réduire le stress.

En déléguant, vous n'êtes plus obligé d'être partout à la fois et de tout faire vous-même, vous avez plus de temps pour vos loisirs, vos activités. Cela a pour effet de réduire le stress.

10. Obtenir de l'avancement.

Déléguer vous permet d'accepter plus de tâches importantes, ce qui vous ouvre des portes pour d'autres occasions. Vous vous rapprochez des échelons supérieurs et êtes plus près de la réussite tant méritée.

Comme vous pouvez le constater, déléguer n'est pas une si mauvaise idée en soi ; au contraire, les avantages sont immenses.

67 Déléguer de façon intelligente

«Ceux qui souhaitent chanter trouvent toujours une chanson.»

Proverbe suédois

Quelles tâches peut-on déléguer? Lesquelles déléguer en premier? Comment peut-on s'assurer que ce qui a été délégué sera bien fait? Est-ce que les gens vont penser que je les utilise? Ces questions et bien d'autres encore reviennent constamment dans mes ateliers sur la gestion. Les gestionnaires souhaitent déléguer, mais comme ils ne savent pas où ni comment commencer, ils cherchent des prétextes pour ne pas le faire. Alors je leur pose des questions axées sur les résultats, une méthode utilisée en programmation neurolinguistique. Je leur demande: «Si vous déléguez, quel résultat voulez-vous atteindre? Avez-vous un plan? De quelles ressources disposez-vous? Comment pouvez-vous profiter au maximum de ces ressources?» Ce genre de questions les oblige à se concentrer sur les résultats plutôt que sur les prétextes à ne pas déléguer.

Lorsque j'ai été promu au poste de directeur général d'un hôtel cinq étoiles à Montréal, j'ai commencé par établir des réseaux de communication interne, organiser des réunions et planifier les rapports nécessaires à la bonne marche de l'hôtel. J'ai organisé, planifié, dirigé toutes les réunions et j'en ai assuré le suivi.

Voici la liste de ces réunions:

1. Les activités quotidiennes, de 9 h à 9 h 15: réunir l'équipe pour discuter des résultats obtenus la veille et du plan de la journée.

2. Lundi, de 15 h à 16 h: réunion du comité de direction pour discuter, planifier et prendre les décisions importantes.

3. Mardi, de 15 h à 16 h: réunion du Service aux chambres pour discuter en détail de tout ce qui touche le service.

4. Mercredi, de 15 h à 16 h: réunion du Service des cuisines pour discuter de tout ce qui touche à ce service.

5. Jeudi, de 15 h à 16 h: réunion des chefs de service pour discuter de toutes les activités, soit l'amélioration du service à la clientèle et du taux moyen d'occupation.

6. Vendredi, de 10 h à 11 h: réunion avec le contrôleur des finances pour vérifier les résultats financiers et les flux de trésorerie liés à l'exploitation.

7. Samedi, de 15 h à 16 h 30: réunion du Service des ventes et du marketing.

À cette liste s'ajoutent les réunions de la direction et les rencontres individuelles avec mon propre patron.

J'ai continué d'animer ces réunions pendant trois mois, puis j'ai formé les personnes que je jugeais aptes à le faire à ma place. Après trois mois, les réunions se déroulaient de la façon suivante :

1. Réunion pour les activités quotidiennes: dorénavant une fois par semaine.

2. Réunion du comité de direction: déplacée à l'heure du lunch.

3. Réunion du Service des cuisines: déléguée au directeur de ce service.

4. Réunion du Service aux chambres: déléguée au directeur de ce service.

5. Réunion des chefs de service: confiée à tour de rôle aux autres personnes de sorte que je n'avais plus à l'animer moi-même.

6. Réunion du Service des ventes et du marketing: déléguée au directeur de ce service.

De toutes les réunions, je n'ai conservé à mon horaire que celles qui me semblaient les plus importantes et j'ai délégué toutes les autres. J'ai récupéré en moyenne dix heures par semaine que j'ai utilisées pour accomplir des tâches importantes. Toutefois, j'ai participé de temps en temps à ces réunions en tant qu'observateur. Même chose pour la paperasse, je ne fais que ce que je suis seul à pouvoir traiter et je délègue tout le reste.

Ceci n'est qu'un exemple de ce que vous pouvez déléguer afin d'avoir plus de temps pour améliorer la productivité. Vous pouvez ainsi effectuer des tâches plus importantes et urgentes. Pour mieux déléguer, je vous suggère ceci:

- Dressez une liste de toutes vos tâches quotidiennes.

- Établissez la liste en fonction de vos priorités.

- Déléguez les tâches routinières comme la rédaction des notes et de la paperasse.

- Déléguez les tâches qui absorbent une partie de votre temps comme les réunions.

- Faites-vous remplacer à certaines rencontres sociales.

Ne conservez que ce qui est nécessaire pour le bon fonctionnement des activités.

En résumé, c'est à vous de décider quelles tâches vous voulez déléguer, mais avant de le faire, vous devez connaître les raisons qui vous amènent à le faire et savoir comment vous comptez employer le temps libre ainsi récupéré. Commencez lentement. Au début, assurez un suivi rigoureux, puis donnez un peu de liberté et lorsque vous êtes sûr que la personne peut faire le travail toute seule et obtenir les résultats escomptés, laissez-la aller. À ce propos, Ronald Reagan recommandait: «Engagez les bonnes personnes, formez-les, déléguez à ces personnes, n'intervenez pas.»

68 L'art de déléguer

Examinons de plus près en quoi consiste l'art de déléguer. Tout d'abord, il faut comprendre une chose importante : il y a un risque à déléguer. En effet, vous devez considérer au départ ce que vous êtes prêt à investir et la marge d'erreur que vous êtes prêt à accepter. Puis vous pouvez commencer. Voici les 11 secrets qui vous permettront de maîtriser l'art de déléguer.

1. Établissez la liste de tous les employés auxquels vous pouvez déléguer des responsabilités et inscrivez leurs forces et leurs faiblesses. Par exemple :

NOMS	FORCES	FAIBLESSES
Marie	excellente communicatrice	déteste la paperasse
Édouard	performant	nonchalant à l'occasion
Bob	méticuleux	réservé et tranquille
Christine	aime les défis	déteste téléphoner

2. Dressez une liste des tâches que vous voulez déléguer.

3. Préparez un échéancier pour chacune des tâches.

4. Déléguez les tâches en fonction des compétences de chaque personne.

5. Rencontrez la personne et demandez-lui comment elle procéderait dans une situation donnée. Sa réponse vous

permettra de voir si elle est prête et, par la même occasion, vous pourrez découvrir ses champs d'intérêt.

6. Expliquez-lui le contexte et ce que vous attendez d'elle, et assurez-vous qu'elle comprend bien la situation.

7. Faites-la participer à la planification des objectifs.

8. Laissez-la décider de l'échéancier se rapportant à la réalisation des objectifs. (Méfiez-vous de la personne optimiste qui croit pouvoir atteindre les objectifs en un temps record.)

9. Rédigez le plan, donnez-lui une copie et gardez-en une pour assurer le suivi.

10. Établissez un échéancier de rencontres. Peut-être aurez-vous besoin de la rencontrer trois fois par semaine au début, puis vous pourrez espacer progressivement les rencontres.

11. Faites un suivi, c'est la clé de la réussite. Ne déléguez pas pour mieux oublier. Maintenez les choses sur la bonne voie et gardez le contrôle.

L'art de déléguer en 4 points

1. Ne déléguez pas trop : vous pourriez perdre le contrôle.

2. Laissez les personnes à qui vous déléguez prendre leurs propres décisions. Acceptez leur jugement et leurs erreurs. N'oubliez pas que vous aussi avez commis des erreurs. Rappelez-vous ce qu'a dit Confucius : «Laissez l'autre faire son travail sans vous immiscer dans son travail.»

3. Prévoyez un plan de rechange au cas où le premier s'avérerait un échec pour une raison quelconque.

4. Ne reprenez pas les commandes une fois que vous les avez déléguées à vos employés. C'est le meilleur moyen de les démotiver et de perdre leur confiance.

Vous comprenez maintenant les avantages de la délégation et comment vous pouvez économiser efforts, temps et argent. Vous pouvez donc vous consacrer à effectuer des tâches plus importantes qui vous permettront de vous réaliser et de progresser. Déléguer doit devenir une habitude et s'intégrer à votre style de gestion, alors commencez à le faire dès aujourd'hui.

Ne vous découragez pas si vous n'obtenez pas immédiatement les résultats souhaités. Faites montre de patience et n'oubliez pas les erreurs que vous-même avez commises lors de situations similaires. Persévérez et ne vous arrêtez pas. Gardez à l'esprit les propos de Thomas Edison : «De nombreuses personnes n'ont pas réussi parce qu'elles ont abandonné au moment où elles étaient, sans le savoir, près de réussir.» En déléguant certaines de vos responsabilités aux membres de votre équipe, vous leur permettrez d'utiliser tout leur potentiel et de progresser.

◆

Prenez la décision
de déléguer
dès aujourd'hui!

◆

RÉALITÉ N° 11

LES RÉUNIONS

Leur
pertinence...

*«Les réunions peuvent être un fléau et coûter
une fortune à une entreprise, ou à l'inverse,
elles peuvent être un excellent outil pour
atteindre la réussite ultime.»*

Ibrahim Elfiky

69 La pertinence des réunions

«Si un homme commence en étant sûr, il finira
par être hanté par le doute. Mais s'il se contente
de commencer par douter, il finira par être sûr.»

Francis Bacon

V ous êtes-vous déjà demandé, après une heure passée en
réunion, ce que vous faisiez là? Avez-vous déjà assisté à une
réunion interminable et avez-vous fini par vous demander
quel en était l'objet? Avez-vous participé à une réunion dont les
seuls sujets étaient les doléances du patron concernant la piètre
performance des employés et le fait que, lui, il travaillait fort? Si
vous répondez par l'affirmative à l'une de ces questions, c'est que
vous avez perdu temps et argent lors de réunions.

Saviez-vous qu'en Amérique du Nord seulement, il y a en
moyenne 20 millions de réunions chaque jour? En 1988, une
étude réalisée par 3M Corporation concluait que les dirigeants
d'entreprise passaient en moyenne 23 heures par semaine en
réunion, que seulement 52 % de ces réunions étaient efficaces et
que 22 % pourraient être remplacées par une simple note de
service ou un appel téléphonique. Un article paru dans le
magazine Success rapportait qu'une récente étude effectuée
auprès de 2 000 gestionnaires et gens d'affaires faisait ressortir
que les gestionnaires passaient plus de temps que jamais en
réunion, soit plus de 70 % de leur temps. Ce pourcentage n'inclut
pas les heures consacrées à la préparation de ces réunions. Ces
gestionnaires soulignent que le tiers des réunions ne sont pas
productives, si bien qu'on estime à 37 milliards de dollars la perte
de temps qui en résulte.

Selon une autre recherche, les gens d'affaires passent en moyenne environ 12 heures par semaine en réunion, les cadres intermédiaires, environ 22 heures et les cadres supérieurs, jusqu'à quatre jours par semaine. Cette même recherche conclut que seulement 47 % de ces réunions sont productives. Selon les experts, chaque heure passée en réunion implique une perte potentielle de 30 minutes !

Avant d'organiser votre prochaine réunion, réfléchissez un moment et posez-vous les questions suivantes :

- Cette réunion est-elle nécessaire ?

- Quel en est l'objet ?

- Ne serait-il pas préférable d'envoyer une simple note de service ou de faire un appel téléphonique ?

- Pourrais-je atteindre les mêmes objectifs par une simple rencontre en tête-à-tête ?

Si vous répondez par l'affirmative à la première question, à savoir que la réunion est tout à fait indispensable, alors posez-vous les questions suivantes :

- Qui devrait assister à la réunion ?

- Toutes ces personnes doivent-elles y assister ?

- Dois-je assister à cette réunion ? Si la réponse est négative, déléguez. Si elle est positive, demandez-vous :

  - Dois-je y assister jusqu'à la fin ?
  - Combien de temps dois-je allouer à la réunion ?

Demandez-vous ce que cette réunion coûtera en argent, en temps et en productivité. Prenez le temps d'analyser le coût réel de la réunion. Vous pourrez ainsi faire épargner beaucoup à l'entreprise. La question n'est pas d'éviter les réunions, mais de les rendre productives pour qu'elles soient bénéfiques.

70 Les 7 raisons d'être des réunions

«Les gens peuvent dire ou penser ce qu'ils veulent des réunions, celles-ci existeront toujours.»

Clyde W. Burleson

Les réunions sont indispensables à la réussite de toute entreprise. Bien sûr, en certaines occasions, une réunion peut être remplacée par une rencontre en tête-à-tête, une note de service ou un appel téléphonique. Cependant, les notes de service peuvent causer plus de tort qu'on ne le croit. Examinons cette façon de faire de plus près.

Croyez-vous que les notes de service sont efficaces? Oui, si vous ne faites que transmettre de l'information qui ne nécessite aucune rétroaction. Combien de temps consacrez-vous à la rédaction d'une note de service? Combien de temps un employé passe-t-il à la dactylographier et à la distribuer? Par ailleurs, n'oubliez pas que vous ne contrôlez plus le message une fois la note de service envoyée, parce que vous n'êtes pas là pour expliquer votre point de vue ni pour répondre aux questions. Les notes peuvent être mal interprétées, être sources de confusion, prendre de votre temps, s'ajouter à la paperasse et démotiver les employés. Selon les experts, les notes de service ne sont pas efficaces et n'améliorent pas la communication. Toutefois, cela ne signifie pas que tous les types de notes de service soient inefficaces. Il s'agit de les utiliser à bon escient. Une simple mise en garde: l'envoi de notes de service ne doit pas devenir une manie!

Revenons maintenant aux raisons pour les quelles on se réunit. Certains se réunissent parce qu'ils ne savent pas quoi faire de leur journée! D'autres, pour le prestige: en se déplaçant d'une réunion à l'autre, ils montrent qu'ils sont très occupés ; d'autres encore sont prisonniers d'une routine qui les oblige à assister à une réunion une ou deux fois par semaine. Voici, selon moi, les sept principales raisons pour lesquelles les gens se réunissent.

1. Pour planifier.

La planification est l'une des principales raisons pour lesquelles on organise une réunion, que ce soit une planification budgétaire, d'expansion, de marketing, de ventes, pour le lancement d'un nouveau produit, pour augmenter le nombre de représentants des ventes, etc. Le but du gestionnaire dans ce type de réunion est d'obtenir de la part des membres de son équipe des idées et des commentaires positifs qui l'aideront à mieux planifier.

2. Pour prendre des décisions.

La réunion est un excellent moyen pour le gestionnaire de discuter d'un sujet important et de prendre une décision en équipe. Cette décision peut être meilleure que la décision prise par une seule personne.

3. Pour communiquer de l'information.

Le gestionnaire peut convoquer les membres de son équipe à une réunion pour les informer des changements au sein de l'entreprise, des tendances du marché et de celles des concurrents.

4. Pour résoudre des problèmes.

On peut organiser des réunions pour résoudre des conflits entre collègues ou pour régler des problèmes soulevés par les plaintes reçues au service à la clientèle ou nuisant au fonctionnement de l'entreprise. La réunion a pour objet de trouver la solution la plus appropriée à la situation.

5. Pour récompenser et motiver.

On peut profiter d'une réunion pour souligner devant tout le service la performance d'une personne. L'équipe s'en trouve motivée et stimulée.

6. Pour former.

Dans une réunion, on peut former les membres de l'équipe et améliorer leurs compétences. Cela peut se faire par le biais d'information sur un nouveau produit, par l'apprentissage de nouvelles techniques de vente ou de techniques de réponses du service à la clientèle ou de toute autre formation qui pourrait être un atout pour la réussite de l'entreprise.

7. Pour renforcer l'esprit d'équipe.

Les réunions constituent un excellent outil pour renforcer l'esprit d'équipe. Les membres de l'équipe partagent les responsabilités et les honneurs, prennent des décisions, définissent les objectifs et les moyens d'y parvenir.

Comme vous pouvez le constater, les réunions ne sont pas foncièrement inefficaces. Elles peuvent être l'une des raisons de votre réussite. Toutefois, vous devez les utiliser avec discernement.

71 Les 7 types de comportements en réunion

«En tant que leader du groupe, il vous revient de créer un environnement propice à l'échange dont il ressortira des recommandations et de meilleures décisions.»

Clyde W. Burleson

1. Le type dominant

Ce type de personne qui travaille depuis longtemps pour une entreprise croit qu'elle a plus d'expérience et en connaît plus que tout le monde. Cette personne aime diriger la réunion.

2. Le type je-sais-tout

Ce type de personne croit avoir toutes les réponses et bombarde tout le monde d'analyses et de menus détails. C'est une personne positive, mais elle ennuie les autres avec les détails.

3. Le type qui interrompt

Cette personne interrompt continuellement ceux qui parlent, aime les impressionner par ses connaissances ou par ses réponses, mais s'écarte souvent du sujet pour en aborder d'autres non pertinents.

4. Le type qui fait des apartés

Ce type de personne aime parler à voix basse à son voisin pendant qu'une autre est en train de parler. Elle obtient alors toute l'attention.

5. Le type négatif

Cette personne exprime ses sentiments négatifs à l'égard de la réunion ou à l'égard d'une autre personne. Elle est émotive. Selon elle, ce qui a été dit durant la réunion ne réussira pas, elle en a déjà fait l'expérience.

6. Le type timide

En général, l'estime de soi et la confiance en soi font défaut chez cette personne. Elle fera son possible pour éviter de parler au cours de la réunion. Elle ne parle pas et ne participe habituellement pas à la réunion, mais elle travaille très fort. De plus, cette personne préfère travailler seule.

7. Le type confus

Ce type de personne est incapable de formuler quoi que ce soit! Lorsqu'on lui pose une question, elle répond par une autre question ou donne deux réponses, puis vous demande : «Qu'est-ce que vous en pensez?»

Connaître les réactions des gens en réunion peut beaucoup vous aider à utiliser leurs forces et à travailler avec eux sur leur propre terrain. Évidemment, vous devez savoir que personne ne se retrouve dans une seule catégorie.

Faites de vos réunions un moment agréable et observez le comportement des participants. Plus vous les comprendrez et plus productives seront les réunions.

72 — Les 10 causes de l'inefficacité des réunions

> «Les réunions ne sont pas inefficaces et non productives en elles-mêmes, ce sont les gens qui les rendent ainsi.»
>
> *Ibrahim Elfiky*

Malheureusement, de nombreuses réunions sont condamnées à ne pas être productives malgré les investissements des entreprises et les efforts des hauts dirigeants. Pourquoi certains gestionnaires ne réussissent-ils pas à tirer profit d'une réunion bien menée? Pourquoi les réunions sont-elles souvent si peu efficaces? Regardons d'un peu plus près les principales causes de l'insuccès des réunions.

1. Le manque de préparation

Le manque de préparation est considéré comme l'une des causes les plus importantes de l'inefficacité des réunions. Le gestionnaire qui ne se prépare pas dit tout ce qui lui vient à l'esprit. Le manque de préparation fait plus de tort que de bien; il crée des conflits et de la confusion au sein de l'équipe. L'échec de la réunion est inévitable.

2. L'absence de contenu

Une réunion sans but spécifique revient à conduire une voiture sans destination précise. Cela ne mène nulle part. Une réunion qui se déroule sans but précis, simplement parce qu'on a l'habitude de se réunir une ou deux fois par jour, tourne inévitablement à l'échec.

3. L'absence d'ordre du jour

Les personnes invitées à une réunion pour laquelle le gestionnaire n'a pas défini un ordre du jour n'en connaissent ni la raison ni la durée ; elles ne savent pas non plus ce qu'on attend d'elles. Ne pas soumettre un ordre du jour aux personnes convoquées à une réunion laisse le champ libre aux rumeurs et au ressentiment. Le gestionnaire peut s'écarter du sujet, perdre la notion du temps et ainsi saper la réunion.

4. Un nombre trop élevé de participants

Un gestionnaire convoque trop de gens à la réunion soit pour son propre bénéfice, soit parce qu'il croit que c'est mieux ainsi. Des recherches montrent qu'un trop grand nombre de participants freine chez certains l'envie de s'exprimer de peur de se rendre ridicules devant tout le monde. De plus, si le gestionnaire demande à chaque personne de donner ses commentaires, la réunion risque de s'éterniser. De fait, un trop grand nombre de participants peut rendre inefficace votre réunion.

5. Un trop grand nombre de réunions

Est-ce qu'un trop grand nombre de réunions peut conduire à de meilleurs résultats ? Non, selon les experts en réunion Robert B. Nelson et Peter Economy, auteurs de *Better Business Meetings*. Un trop grand nombre de réunions entraîne de la frustration parmi les membres d'une équipe ; ces derniers peuvent prendre du retard dans leur travail. Convoquer les gens à une réunion pour chaque décision à prendre ou pour tout problème à résoudre n'est pas productif ; cela provoque également du ressentiment, de l'ennui, ce qui enlève toute efficacité à la réunion.

6. Les conflits personnels

Une réunion où le gestionnaire tolère une confrontation entre ses employés en pensant qu'il en ressortira quelque chose de positif et ne se rend pas compte que ses employés s'obstinent pour des raisons personnelles sera un échec. En effet, il pourrait en résulter une division au sein de l'équipe.

7. La critique

Un gestionnaire qui critique les gens pour leur piètre performance, leurs actes, leurs idées ou pour leurs opinions fera naître des sentiments négatifs au sein l'équipe. Avoir peur, être sur la défensive et réagir négativement sont des causes de l'échec d'une réunion.

8. L'absence de participation

Dans ce genre de réunion, le gestionnaire contrôle tout le déroulement de la réunion, c'est lui qui parle, qui demande aux membres de l'équipe s'ils ont des commentaires à faire. La plupart du temps, personne ou presque ne voudra en faire. C'est le type de réunion ennuyeuse, où les personnes se sentent inférieures. Ce type de réunion n'est pas efficace.

9. L'absence d'affectations spécifiques

Une réunion peut bien se dérouler et susciter la participation des personnes qui y assistent, mais à la fin, le gestionnaire ne donne pas d'affectations précises ou ne demande pas des volontaires pour effectuer une tâche en particulier. Il termine la réunion en se contentant de remercier tout le monde.

10. L'absence de suivi

Le gestionnaire organise une réunion, donne ses directives et termine la réunion sans assurer de suivi sur les objectifs importants qu'il veut réaliser. Le procès-verbal parvient tard aux membres de l'équipe ou ne leur parvient pas du tout. Aucun suivi n'est planifié. La réunion est un échec.

La liste pourrait s'allonger; vous pourriez également trouver d'autres raisons pour lesquelles les réunions ne sont ni productives ni efficaces. Mais selon mes recherches et d'après mon expérience, ce sont les 10 principales causes. Lorsque vous organiserez la prochaine réunion, essayez de les éviter. À ce propos, Jim Ron, auteur de *The Art of Exceptional Living,* a écrit : «Si les réunions sont un échec, c'est parce qu'elles sont mal évaluées régulièrement.» Faites attention de ne pas répéter les réunions inefficaces, apprenez de vos erreurs et de celles des autres. Cherchez la réussite. Surtout, n'oubliez pas le vieux proverbe suivant: «Apprenez des erreurs des autres, car vous ne vivrez jamais assez longtemps pour les commettre toutes.»

Les 15 comportements à éviter en réunion

«En réunion, les hommes adultes feront vraiment n'importe quoi pour éviter d'être pris en défaut. Si quelqu'un ne connaît pas à fond un sujet, il improvisera, exactement comme un enfant. [...] Seul le patron peut établir un climat où les gens sont assez à l'aise pour oser prononcer les mots magiques : "Je ne sais pas, mais je trouverai."»

Lee Iacocca

AVANT D'ALLER EN RÉUNION, PRENEZ QUELQUES INSTANTS POUR LIRE CE QUI SUIT:

1. N'allez pas à une réunion sans être préparé. Il est alors préférable d'annuler et de remettre la réunion à plus tard.
2. N'arrivez jamais en retard, quelle que soit la raison.
3. Ne convoquez pas une foule. Plus il y a de personnes, moins la participation est grande.
4. Ne distribuez pas l'information que votre secrétaire peut distribuer à votre place. Vous perdrez du temps.
5. N'interrompez pas.
6. Ne vous obstinez pas.
7. Ne vous sentez pas visé personnellement.
8. Ne soyez pas le seul à prendre la parole.
9. N'ayez pas peur d'un désaccord tant qu'il n'est pas personnel.
10. Ne proférez pas de menaces.
11. Ne tolérez pas un langage grossier.
12. N'agissez pas négativement.
13. Ne permettez pas de conversations en aparté et ne les encouragez pas.

14. Ne prenez pas plus de temps que celui fixé pour la réunion.
15. N'oubliez pas de remercier les personnes de leur présence à la réunion.

74 Les 20 secrets de la réussite d'une réunion

> «Les réunions très productives ne sont pas le fruit du hasard. Elles ont été consciencieusement préparées.»
>
> *Secrets of Executive Success*

J e vous ai présenté les raisons qui justifient les réunions, les causes de réunions inefficaces et les comportements à éviter en réunion. Voici maintenant les 20 secrets d'une réunion efficace.

1. Préparez-vous.

Consignez par écrit l'ordre du jour de la réunion, soit les sujets dont vous voulez discuter, le temps nécessaire pour en discuter, la date, l'heure et le lieu de la réunion, qu'elle soit tenue sur les lieux de travail ou ailleurs.

2. Distribuez l'ordre du jour à l'avance.

Les personnes qui assisteront à la réunion doivent recevoir l'ordre du jour au moins trois jours à l'avance. Elles auront ainsi le temps de se préparer et d'organiser leur horaire en conséquence.

3. Invitez les personnes clés.

Selon les experts, les réunions les plus productives ne dépassent pas huit participants. De plus, n'invitez que les personnes que vous croyez fermement être les personnes clés.

4. Assurez-vous de la préparation des membres de votre équipe.

Avant la réunion, assurez-vous que tous savent ce qu'on attend d'eux. Si un membre de votre équipe présente un exposé à l'aide d'un magnétoscope, d'un projecteur de diapositives ou d'un rétroprojecteur, assurez-vous qu'il a tout préparé. De cette façon, la réunion se déroulera facilement et vous ne subirez ni contrariétés ni mauvaises surprises.

5. Désamorcez les conflits.

Avant de commencer la réunion, assurez-vous que les conflits entre les membres de votre équipe sont résolus. Ainsi, vous prévenez toute réaction négative qui pourrait survenir durant la réunion.

6. Arrivez tôt à la réunion.

En arrivant tôt à la réunion, vous avez le temps d'inspecter les lieux et de vérifier le matériel. Vous êtes ainsi plus détendu et vous vous évitez d'éventuels désagréments. De plus, vous donnez le bon exemple à votre équipe en respectant l'heure de la réunion et en faisant preuve de discipline.

7. Soyez organisé.

Désignez une personne pour rédiger le procès-verbal, une autre pour écrire sur le tableau de conférence toutes les idées proposées et une troisième pour veiller aux contraintes relatives à l'horaire. Vous donnez ainsi la possibilité aux membres de l'équipe de participer à la réunion et favorisez par la même occasion l'esprit d'équipe.

8. Faites part à l'équipe de l'objet de la réunion.

Lorsque vous êtes prêt, reformulez à tous les membres de votre équipe l'objet de la réunion. Même si votre équipe a pris connaissance de l'ordre du jour et de l'objet de la réunion, il est important de le leur rappeler. Par exemple : «Aujourd'hui, la réunion consiste à trouver des solutions appropriées pour remédier aux plaintes formulées par la clientèle» ou «Nous voulons augmenter les ventes de 10 %.» L'objet de la réunion, quel qu'il soit, devrait être connu avant le début de la réunion.

9. Établissez des assises solides.

Mentionnez à tous ceux qui assistent à la réunion les règles de base suivantes :

a) Respecter l'opinion d'autrui.

b) Respecter les sentiments d'autrui.

c) Donner à tous la possibilité de s'exprimer.

En balisant la réunion avec des règles strictes, les membres de votre équipe se sentent compris et en confiance.

10. Établissez un horaire pour le déroulement de la réunion.

Il est important de préciser l'heure où commence la réunion, le moment de la pause s'il y a lieu et l'heure de la fin de la réunion. Le fait de respecter l'horaire de l'ordre du jour montre à vos employés que vous maîtrisez la situation et que vous respectez aussi leur emploi du temps. Si vous deviez prolonger la réunion, demandez d'abord l'avis des participants et ne vous fâchez pas s'ils refusent de rester. Reportez plutôt la réunion à une date ultérieure.

11. Planifiez des pauses.

Les gens ne peuvent pas demeurer assis des heures et des heures à écouter quelqu'un parler. Planifiez des pauses pour que les gens puissent se lever, boire un jus, un café, un thé ou un verre d'eau, pour qu'ils puissent aller aux toilettes ou bien aller fumer s'il est interdit de le faire durant la réunion. En permettant à vos employés de refaire le plein d'énergie, vous vous assurez la réussite de la réunion.

12. Créez un environnement sain.

Permettez aux personnes présentes à la réunion de s'exprimer librement sans avoir peur des conséquences.

13. Demandez aux participants leur opinion.

Assurez-vous de la participation de tous les membres de l'équipe. Demandez-leur leur opinion, posez-leur des questions qui nécessitent un développement et encouragez-les à s'exprimer.

14. Écoutez attentivement.

L'une des meilleures façons d'établir la communication avec les autres est de les écouter. Montrez-leur que vous vous intéressez à eux et qu'ils ont toute votre attention, encouragez-les à parler et posez-leur des questions.

15. Restez calme et naturel.

Peu importe ce qui arrive ou ce qui est dit durant la réunion, restez maître de vos émotions. Vous devez comprendre que les autres sont différents de vous et de ce fait peuvent être en désaccord avec vous, et ce, pour le bien de l'entreprise.

16. Suivez l'ordre du jour et collez à votre sujet.

Revenez à votre sujet dès que vous vous en écartez. Si une personne s'écarte du sujet, soulignez-le-lui poliment. Suivez fidèlement votre ordre du jour et passez au point suivant seulement lorsque vous êtes sûr que le sujet a été couvert.

17. Si vous faites une erreur, admettez-le et passez à autre chose.

L'erreur est humaine. Alors si vous commettez une erreur, admettez-le, apprenez à rire de vous-même et passez à autre chose. Personne n'est parfait.

18. Arrivez à un accord général.

On ne doit pas arriver nécessairement à un consensus général pour chaque point abordé. Toutefois, il est primordial d'éclaircir chacun des points pour qu'ils soient compris de tous les participants. Le but est d'obtenir l'appui nécessaire pour poursuivre.

19. Définissez un plan d'action.

Avant de terminer la réunion, résumez les décisions et les éléments clés. Puis définissez un plan d'action, déterminez les responsabilités de chacun, demandez des volontaires pour assumer la réalisation d'objectifs précis. Terminez la réunion lorsque le plan d'action est défini et que l'objet de la réunion a été débattu.

20. Assurez le suivi.

Parallèlement à la planification, le suivi est un aspect extrêmement important en gestion. Assurez-vous de prendre le temps nécessaire pour faire le suivi du plan d'action afin d'en garantir la réussite et de confirmer celle de la réunion. Remettez aux membres de l'équipe le procès-verbal la journée suivante. Affichez-le à plusieurs endroits où les gens pourront le lire et ainsi se rappeler de ce qui a été dit à la réunion.

En intégrant ces 20 secrets dans vos réunions d'affaires, vous serez surpris de votre pouvoir, de l'économie de temps et d'argent que vous réalisez et du respect des gens à votre égard. Les membres de votre équipe reconnaîtront en vous le vrai leader.

L'ordre du jour

> «L'ordre du jour est comparable à une carte,
> il vous permet d'atteindre votre objectif de la
> manière la plus sûre et la plus rapide possible.»
>
> *Ibrahim Elfiky*

P our animer une réunion de façon efficace et productive, l'ordre du jour constitue un des outils les plus importants du gestionnaire. Un ordre du jour permet d'économiser temps et argent et facilite la participation des membres de votre équipe. Il permet en outre de se concentrer sur les sujets de la réunion. Les participants se sentent plus concernés. Organiser une réunion sans ordre du jour est le moyen le plus rapide de la saper. En effet, sans ordre du jour, vous pouvez facilement vous écarter de votre sujet, perdre la notion du temps et embrouiller tout le monde. Malheureusement, certains gestionnaires décident d'animer leurs réunions sans aucun ordre du jour et se demandent par la suite pourquoi la réunion n'a pas été fructueuse et pourquoi elle représente une telle perte de temps!

Donc, au moment de la prochaine convocation de réunion, assurez-vous de sa pertinence. Mettez par écrit le propos de la réunion, les sujets à discuter et les résultats escomptés. Puis écrivez les noms des personnes qui devraient y assister, la date et le lieu de la réunion. Donnez ensuite à votre secrétaire l'ordre du jour à dactylographier, puis envoyez-en une copie à chaque participant au moins trois jours à l'avance. Ainsi, chacun pourra planifier sa participation à la réunion.

Exemple d'ordre du jour

Réunion du Service des ventes

$\mathcal{O}$RDRE DU JOUR

Date et heure :   le jeudi 15 juin 1995
Lieu :   salle de conférence
Durée :   75 minutes
Heure :   15 h   à :   16 h 15
Objet :   augmentation des ventes de 10 %

Sujets à l'ordre du jour

1.	Résumé du procès-verbal de la réunion précédente	10 minutes
2.	Souligner la performance de M. Nadeau	5 minutes
3.	Mot d'ouverture de M. Rolin	5 minutes
4.	Rapport de M. Bacon	10 minutes
5.	Discussion	15 minutes
6.	Décisions	10 minutes
7.	Plan d'action	10 minutes
8.	Affectation des responsabilités	10 minutes
9.	Divers	à déterminer

Total :   75 minutes

Merci !

Faites parvenir une note de service et un ordre du jour à chaque participant. La note de service est en quelque sorte l'invitation à la réunion. Au cours de la réunion, suivez la carte — votre ordre du jour — et vous arriverez à bon port. Votre réunion sera très productive et vous serez sur la voie de la réussite.

76 Les 6 clés de la réussite de vos réunions

«Une réunion réussie se termine généralement avec le sentiment partagé du devoir accompli et la fierté des résultats obtenus.»

Rémy Gagné
Jean-Louis Langevin

Voici, selon moi, les six clés qui contribueront à rendre vos réunions productives et agréables.

1. Faites le point sur la réunion précédente.

Commencez la réunion par un retour sur la réunion précédente : faites un résumé de ce qui a bien fonctionné et de ce qui n'a pas fonctionné. Intégrez ces éléments dans votre prochaine planification.

2. Félicitez et récompensez.

Soyez fier du travail des membres de votre équipe, récompensez leurs succès en public et encouragez-les à féliciter leurs employés.

3. Invitez un conférencier.

Le conférencier invité pourrait être un motivateur professionnel, le président de l'entreprise, un client satisfait qui pourrait faire part à vos employés des raisons de sa satisfaction à l'égard d'un produit ou d'un service ; ce pourrait aussi être un client insatisfait de vos produits ou services. La personne invitée motivera les personnes présentes à la réunion.

4. Présentez une vidéocassette.

Le sujet de la vidéocassette pourrait porter sur le développement personnel ou sur la motivation, ce qui vous aidera à rendre vos réunions productives et agréables. Vous pourriez faire une présentation vidéo de l'entreprise, de témoignages de clients, de nouvelles techniques de gestion, etc.

5. Faites alterner les animateurs de la réunion.

Vous n'êtes pas obligé d'animer toutes les réunions. Faites alterner les animateurs : donnez l'occasion à tous les membres de votre équipe d'animer la réunion. Vous contribuerez à l'amélioration de leur habileté en gestion et de leur confiance en eux.

6. Rappelez-vous les prénoms.

S'adresser aux gens en les appelant par leur prénom joue en votre faveur. Cela attire leur attention et leur montre que vous vous intéressez à eux.

Les 12 types de réunions

«Trois choses sont prévisibles dans la vie : la mort, les impôts et un plus grand nombre de réunions.»

Mike Moore

Le moment et le lieu de la réunion sont déterminants pour sa réussite ou son échec. En premier lieu, voyons les moments propices à la tenue des réunions.

1. La réunion au déjeuner

Il est possible de rencontrer les membres de l'équipe tôt le matin, au cours d'un déjeuner ou en les invitant à prendre un café et des croissants. Ce type de réunion peut être très productif à la condition cependant que le gestionnaire soit un bon motivateur ; car, selon son déroulement, la réunion peut avoir un des conséquences positives ou négatives sur le reste de la journée ou de la semaine.

2. La réunion de routine

Le gestionnaire peut convoquer la réunion pour 9 h afin de s'assurer que tout fonctionne facilement. Ce type de réunion, généralement court, ne dure pas plus de 15 minutes. Le gestionnaire doit être un excellent motivateur pour stimuler son équipe. Dans certaines entreprises, on appelle ce type de réunion la «réunion de routine». Le problème, c'est que cette réunion devient une routine à laquelle les gens veulent se soustraire : ils demandent souvent la permission de ne pas y assister.

3. La réunion au cours de la matinée

Le gestionnaire peut rencontrer son équipe le matin, soit de 9 h à 10 h ou de 10 h à 11 h. C'est au cours de cette réunion que l'on prend les décisions en équipe. Toutefois, c'est aussi le moment où les gens sont les plus productifs dans leur travail ou pour rencontrer les clients.

4. La réunion à l'heure du lunch

Les réunions organisées à l'heure du lunch durent la plupart du temps deux heures. Comme les gens doivent sortir pour le lunch et que par la suite leur niveau d'énergie est plus faible, c'est un bon moment pour tenir une réunion. Si la réunion se déroule bien, elle peut être très productive et bénéfique.

5. La réunion dans l'après-midi

Cette réunion se tient normalement de 15 h à 16 h. Certaines entreprises déterminent l'heure et la journée de la semaine pour tenir leur réunion afin que leurs employés le sachent à l'avance. Au cours de cette réunion, on discute de l'amélioration du service à la clientèle, du règlement des plaintes, de l'augmentation de la productivité et des ventes, etc.

6. La réunion en fin de journée

On peut profiter d'une réunion en fin de journée, soit vers 17 h, pour rencontrer les personnes clés pendant une heure environ. Vers la fin de la journée, les gens sont d'ordinaire moins agressifs. Ils ont derrière eux une longue journée de travail et ont hâte de rentrer à la maison. Pour cette raison, il y a moins de confrontations durant cette réunion; les décisions sont prises plus rapidement.

7. La réunion d'urgence

Le gestionnaire peut être appelé à convoquer une réunion d'urgence lorsqu'il fait face à un problème important qui nécessite une analyse minutieuse et qu'une décision doit être prise par l'équipe. Par sa nature, cette réunion peut être convoquée à tout moment dans la journée. Afin d'éviter les réactions négatives qu'une telle convocation peut susciter, il est recommandé aux gestionnaires de mentionner la raison de la réunion. Malheureusement, certains gestionnaires préfèrent garder l'information secrète et surprendre les membres de leur équipe avec la nouvelle. D'autres convoquent la réunion sans y être préparés, provoquant la confusion et causant ainsi plus de tort que de bien.

8. La cérémonie de récompense

Le gestionnaire peut convoquer une réunion pour remercier un employé et lui remettre une récompense. Ce type de réunion est en général de courte durée et a pour seul but la récompense et la motivation. On peut y servir du café, des boissons gazeuses et des pâtisseries. C'est un excellent moyen de stimuler l'équipe.

9. La réunion de remue-méninges

Le gestionnaire utilise une réunion de remue-méninges pour discuter d'une idée et pour prendre rapidement une décision. Cette réunion peut se tenir ailleurs que dans le bureau du gestionnaire et à n'importe quel moment de la journée. Normalement de courte durée, cette réunion ne devrait pas excéder 15 minutes. C'est une excellente façon de renforcer la confiance en soi et l'esprit d'équipe.

10. La réunion mensuelle

Ce type de réunion vise à faire part aux employés des résultats des ventes du mois et des états financiers, à comparer le budget et les résultats réels. Habituellement, le gestionnaire demande au contrôleur de commenter les états financiers et d'établir une comparaison entre les prévisions budgétaires et les résultats réels. Dans la plupart des entreprises, les employés reçoivent au moment de la réunion une copie des résultats. Le gestionnaire peut demander à ses employés de donner leurs commentaires, de suggérer des façons d'obtenir de meilleurs résultats et de définir un plan d'action pour le mois suivant. Selon les résultats obtenus et le comportement du gestionnaire, ce type de réunion peut être très motivant, ou au contraire très démotivant. Certains gestionnaires profitent de cette réunion mensuelle pour encourager leurs employés. D'autres les blâment des résultats non satisfaisants et de leur piètre rendement; ils menacent même de les congédier. Faites preuve de prudence au cours des réunions mensuelles. Quels que soient les résultats, concentrez-vous sur les moyens d'obtenir de meilleurs résultats, acceptez les responsabilités et au lieu de blâmer les autres, élaborez un plan d'action efficace.

11. Les réunions trimestrielles, semestrielles et annuelles

Ces réunions se différencient des réunions mensuelles par une participation plus importante. Des dirigeants assistent à ces réunions au cours desquelles des changements importants peuvent être décidés.

12. La mégaréunion annuelle

Ce type de réunion, qui se déroule habituellement une fois par année, prend des allures de congrès. Le président, les dirigeants, les cadres intermédiaires, les superviseurs et les employés sont tous invités à cette réunion. Pour l'occasion, l'entreprise réserve des places dans un grand hôtel ou dans tout autre lieu approprié. Elle engage des conférenciers professionnels et des artistes. Ce type de réunion engage des dépenses substantielles comme les frais de déplacement, de logement, des frais reliés aux boissons et aux repas. De plus, elle nécessite une planification rigoureuse.

Si l'on veut organiser une réunion de ce type, il est recommandé de la préparer au moins six mois à l'avance. Choisissez au minimum trois endroits et demandez à votre équipe lequel serait le plus approprié. Visitez les trois, puis faites votre choix. Dressez une liste de tout ce dont vous avez besoin. Assurez-vous que l'hôtel sélectionné offre toutes les installations nécessaires et que son personnel a de l'expérience dans l'organisation de ce genre d'événement. Rencontrez le responsable de l'hôtel et ceux qui feront affaire directement avec votre équipe pour le banquet, les repas, les boissons et les salles.

Si votre entreprise peut se le permettre, je vous recommande d'embaucher un organisateur d'événements spéciaux. Il verra au bon déroulement de la réunion et vous évitera ainsi un stress certain! Analysez le coût de cette mégaréunion et ajoutez 10 % de plus pour les imprévus. Prévoyez plus d'un conférencier: cela vous permet de vous reposer, en plus d'apporter une touche différente à la réunion. Déterminez l'objet de la réunion et tirez-en profit.

78 Les lieux de réunion : dans l'entreprise ou à l'extérieur

«On trouve solution à bien des problèmes reliés
au travail alors qu'on ne s'y trouve pas.»

Anonyme

Examinons les endroits qui peuvent servir de lieux de réunion.

1. Les réunions dans les locaux de l'entreprise

a) Le bureau du directeur : le gestionnaire peut convoquer une réunion à son bureau ; cette solution est avantageuse, car elle ne coûte rien. Cependant, la réunion risque d'être souvent interrompue par les appels téléphoniques. De plus, les gens ne se sentent pas très à l'aise dans le bureau du directeur.

b) La salle de conférence : certaines entreprises ont une salle de conférence aménagée avec une grande table, des chaises, un tableau de conférence et du matériel audiovisuel. La salle de conférence de l'entreprise offre plusieurs avantages : elle permet d'économiser temps et argent et on peut y organiser plus rapidement une réunion. Mais les interruptions représentent un danger : durant la pause, les gens vont à leur bureau pour faire des appels téléphoniques ou pour vérifier si tout va bien et reviennent la plupart du temps en retard ou préoccupés par les problèmes qu'ils ont dû régler durant la pause.

En général, les réunions qui se déroulent dans les locaux de l'entreprise sont efficaces. Comme nous l'avons mentionné, ces lieux de réunion permettent d'économiser temps et argent pour les réunions quotidiennes ou hebdomadaires déjà planifiées ou pour de la formation, de l'information sur un produit, un remue-méninges, etc. Il est important que la salle de conférence soit isolée, loin de toute possibilité d'interruption.

2. Les réunions à l'extérieur de l'entreprise

On peut organiser des réunions dans un hôtel, dans un restaurant, dans un centre de conférence, à l'hôtel de ville ou dans tout autre endroit que le gestionnaire et son équipe jugeront approprié. Ces réunions coûtent plus cher à l'entreprise, mais le changement est bénéfique pour les employés. Dans certaines entreprises, on invite les employés une fois par mois à un «déjeuner-motivation» animé par un conférencier professionnel.

En fait, il est possible d'organiser une réunion à peu près n'importe où. J'ai organisé de nombreuses réunions dans les parcs! Pourquoi pas? L'air y est pur, c'est un lieu public qui ne coûte rien. Croyez-moi, ces réunions étaient plus productives que les réunions officielles. J'ai également organisé une journée à la plage où les gens pouvaient inviter leur famille. Pendant que les membres de leur famille profitaient des agréments de l'endroit, je rencontrais mon équipe durant une heure. Bien sûr, les gens doivent payer leurs dépenses au cours de cette journée. À l'occasion, l'entreprise peut payer la location du gril et les boissons gazeuses. Ces réunions fournissent l'occasion de mieux se connaître, de se détendre et de faire une réunion des plus productives.

Faites marcher votre imagination. Qui a dit que les réunions devaient être rigides pour être productives?

79 Les réunions et l'estime de soi

«Prenez soin des racines et les branches prendront
soin d'elles-mêmes.»

Proverbe chinois

En 1986, j'ai participé à un colloque sur l'estime de soi. D'une durée de deux jours, il se tenait en Californie. Nous étions dix participants; le colloque était intéressant. Comme nous avions passé deux jours ensemble, nous avions tous eu l'occasion de faire plus ample connaissance. À la fin de la seconde journée, le conférencier nous fit asseoir en cercle, puis il nous parla des qualités de la première personne choisie au hasard. Alors, à tour de rôle, nous avons souligné les qualités de cette personne. Et nous avons fait cela pour chaque participant. Ensuite, l'animateur nous donna 10 minutes pour écrire des choses positives sur nous-mêmes. Inutile de vous dire que nous étions transportés de joie et très heureux.

J'ai tellement aimé cet exercice que j'ai décidé de le mettre en pratique dans mes réunions. Je l'appelle le «cercle de l'estime de soi». Les membres de mon équipe sont transportés par cet exercice qui leur a permis de se découvrir mutuellement et de découvrir leurs propres qualités. Pourquoi ne l'essayez-vous pas? Cela pourrait être vraiment profitable pour votre équipe.

Comme vous pouvez le constater, les réunions sont soit une calamité, soit une bénédiction. Lisez ce chapitre, résumez-le, soulignez les points importants, puis mettez-les en pratique; vous réaliserez vos objectifs. Soyez créatif dans l'organisation de vos réunions et prenez-y plaisir. Organisez une réunion productive!

◆

Organisez des réunions efficaces et productives!

RÉALITÉ N° 12

LE RECRUTEMENT ET LE CONGÉDIEMENT

Une procédure
toute
en nuance...

«Fiez-vous à votre cœur autant qu'à votre raison.
Ne choisissez pas l'un des deux;
combinez les deux.»

Richard A. Moron

80 Préparez-vous... ce sera dur !

> «Votre réussite ou votre échec dépendent
> en grande partie de votre capacité à vous
> entourer d'une équipe forte.»
>
> *Ibrahim Elfiky*

«Il y a cinq ans, je ressentais le besoin de rencontrer l'âme sœur, me dit Richard, directeur des ressources humaines d'une grande entreprise. Alors, j'ai commencé à la chercher partout. Je disais à qui voulait l'entendre que j'étais libre. J'ai cherché jusqu'à ce que je rencontre Carole : la quarantaine, belle, intelligente et plaisante. Nous nous sommes fréquentés pendant un an. Peu importent les endroits où nous allions, nous étions toujours heureux ensemble. Je l'ai alors demandée en mariage. Lorsqu'elle a accepté, je suis devenu l'homme le plus heureux du monde. Quelque temps après notre lune de miel, j'ai remarqué un changement radical dans le comportement de Carole : elle était jalouse. Chaque fois que je revenais tard du bureau, nous avions une discussion et elle ne me parlait pas de toute la semaine. Elle se fâchait souvent et pour un rien. J'ai fait tout ce que j'ai pu pour sauver mon mariage, mais en vain. Un jour, nous avons décidé d'un commun accord de nous séparer. Maintenant, je vis seul et je dois tout recommencer à nouveau, mais j'ai peur de commettre une autre bêtise et de faire un mauvais choix.» Richard s'est levé, m'a regardé d'un regard triste et m'a dit à voix basse, «se marier et engager quelqu'un, c'est pareil», puis il est parti.

Engager quelqu'un et l'intégrer à l'équipe, c'est comme se marier et partager sa vie avec quelqu'un. Vous pouvez avoir fait tout votre possible pour prendre la bonne décision pendant la sélection, l'entrevue et le recrutement. Après un court laps de temps, vous découvrez la vraie personnalité de votre nouvel employé. Il était parfait lors de l'entrevue, mais ne s'intégrait pas à l'équipe de travail !

Êtes-vous d'accord avec moi pour dire que c'est difficile ? Avez-vous déjà engagé une personne que vous trouviez fantastique et que vous avez dû congédier par la suite ? Ou celle-ci a-t-elle démissionné d'elle-même très peu de temps après ? C'est en général une expérience assez courante ! C'est pourquoi il est essentiel d'être bien armé et d'avoir les bons outils afin de minimiser les risques de mauvais choix. Pour recruter la bonne personne, vous avez besoin de faire appel à des compétences et à des stratégies mentales et professionnelles qui vous mèneront aux bonnes décisions. Celles-ci se basent sur la logique et l'intuition. C'est le propos de ce chapitre.

81 9 raisons pour lesquelles l'erreur de sélection coûte cher

«Les problèmes graves découlent toujours de petits problèmes; réglez les petits problèmes et vous vous éviterez de gros problèmes.»

Ibrahim Elfiky

A vez-vous déjà calculé le coût réel d'un mauvais choix? Les gestionnaires portent plus attention aux ventes, au marketing et au budget qu'au recrutement de personnel! Selon les experts, la plupart des gestionnaires ne participent pas à la sélection du personnel. Ils disent avoir mieux à faire et que, de toute façon, ce n'est pas leur travail. J'ai déjà interviewé le propriétaire d'une PME et je lui ai demandé s'il participait à la sélection du personnel. Il m'a répondu: «Je n'ai aucun problème à déléguer; c'est donc un gestionnaire de mon entreprise qui a cette responsabilité. Pourquoi devrais-je intervenir dans la sélection? Voulez-vous que je démotive mon gestionnaire?» Je lui ai dit: «Bien sûr que non!» Puis je lui ai demandé: «Et si le gestionnaire n'engageait pas la bonne personne pour le poste?» Le propriétaire m'a fait en souriant la réponse suivante: «C'est un risque! Le gestionnaire devra apprendre de ses erreurs.»

Malheureusement, ce propriétaire n'a pas compris ce que signifie le mot déléguer et ce qu'est le travail d'équipe. Il évite de participer à la sélection du personnel et de donner son opinion pour ne pas démotiver son gestionnaire, mais le fait de ne pas engager la bonne personne peut démotiver tout le monde dans l'entreprise!

J'ai rencontré le président du conseil d'administration d'une grande société dans la même journée et je lui ai posé la même question à propos de la sélection du personnel. Il m'a répondu: «Ne pas choisir la bonne personne peut nous obliger tous à réduire nos activités. Nous perdrons temps et argent, et nos efforts auront été vains. C'est pourquoi je participe d'une manière ou d'une autre à la prise de décision.» «Mais vous avez beaucoup d'employés sous votre responsabilité, où trouvez-vous le temps de participer à la sélection?» lui ai-je demandé. D'un air sérieux, il m'a répondu: «Je trouve le temps. Nos employés sont comme nos clients, si nous ne prenons pas soin d'eux, nous n'aurons pas de clients.» Aucun doute, cet homme doit réussir, car il connaît la valeur des ressources humaines. Ne pas faire un bon choix peut causer beaucoup de tort. Voici les neuf raisons qui expliquent les coûts élevés entraînés par les erreurs commises au moment de la sélection du personnel.

1. La perte de temps due au mauvais choix

Le temps consacré à planifier, à sélectionner, à interviewer, à obtenir des références et à recruter la personne de même que le temps consacré à la familiariser à son nouvel emploi est perdu.

2. La perte de temps reliée à la formation et à l'entraînement

La formation des employés coûte très cher à l'entreprise. Par exemple, IBM ne laisserait jamais un vendeur partir seul sur la route au cours des 18 premiers mois. La formation des employés vise à leur inculquer une excellente connaissance du produit, des techniques de vente et à leur faire développer des qualités personnelles. Pouvez-vous imaginer combien cela coûte à l'entreprise si l'employé démissionne après la formation et l'entraînement? Une fortune!

3. Les erreurs

Jusqu'à ce qu'il acquière plus de connaissances et d'assurance, l'employé commettra des erreurs qui peuvent faire perdre des clients à l'entreprise. Par exemple, un nouveau plongeur a brisé environ 500 verres et plats en moins de trois mois sans compter diverses autres pièces. Avant d'être parfaitement habitué à son travail, le nouvel employé commet des erreurs qui peuvent coûter cher.

4. Les salaires et les avantages sociaux

Évidemment, le salaire d'un excellent employé est considéré comme un investissement, mais les salaires versés à ceux qui ne le sont pas deviennent des dépenses, et qui plus est, des dépenses importantes. Peu importe le salaire que vous versez à un employé qui n'est pas efficace, ce montant constitue une perte totale.

5. Une influence négative

Un employé qui a une attitude négative peut contaminer tout le milieu de travail et exercer une influence sur les autres employés pour que ceux-ci changent leur attitude vis-à-vis de l'entreprise ou du moins pour que leur attitude s'en trouve affaiblie.

6. La destruction du moral de l'équipe

Si vous décidez de congédier un employé qui a un conflit de personnalité, qui est sur la défensive et qui cause continuellement des problèmes, le moral des troupes pourrait s'en trouver affecté. Un congédiement laisse planer une certaine amertume sur l'équipe.

7. Les rumeurs

Lorsque des membres de l'équipe deviennent l'objet de rumeurs répandues par une personne négative et qu'ils se rendent compte qu'avoir engagé cette personne est une erreur, le service au complet peut se retrouver perturbé par un flot de rumeurs. Certains affirmeront que vous l'avez engagée parce que vous la connaissiez, d'autres, plus hardis, diront que vous avez des liens personnels avec cette dernière.

8. L'absence de confiance

Votre équipe peut avoir perdu confiance en votre jugement. Peut-être êtes-vous peu habile ou trop hésitant en ce qui a trait au recrutement du personnel. Vous avez peur de commettre une autre erreur.

9. Un deuxième recrutement

Vous perdez temps et argent, et gaspillez vos efforts lorsque vous décidez de recruter à nouveau quelqu'un pour remplacer la personne congédiée.

82 Les 8 causes des choix malheureux des gestionnaires

«Si vous avez assez d'imagination pour inventer
un problème, vous êtes assez intelligent pour
le résoudre.»

Robert Schuller

Il est assez facile de trouver des gens intéressants. Il reste à savoir s'ils sont aptes à occuper le poste qui leur est offert. Ont-ils les compétences requises? Ont-ils l'attitude appropriée? Peuvent-ils être formés? Sont-ils prêts à s'investir? Sont-ils désireux de réussir et de progresser au sein de l'entreprise? Vous devriez vous poser toutes ces questions et bien d'autres encore avant d'engager qui que ce soit.

Vous avez à présent une bonne idée des problèmes qui peuvent survenir si vous faites erreur sur le choix de la personne. Maintenant, examinons de plus près les raisons qui amènent les gestionnaires à ne pas prendre les bonnes décisions et à ne pas engager les personnes adéquates.

1. Le manque d'expérience

Le gestionnaire doit engager de nouveaux employés parce que cela relève de sa fonction, et non parce qu'il en a l'expérience.

2. Le manque de préparation

Le gestionnaire n'a pas préparé la liste de questions à poser ou encore il doit continuellement s'y reporter au moment de l'entrevue. De plus, il ne sait pas exactement ce qu'il cherche.

3. Une mauvaise évaluation de la situation

Le gestionnaire ne consacre pas le temps nécessaire au candidat. Il dirige l'entrevue tout en répondant au téléphone. Il croit qu'il est facile de faire passer une entrevue à un candidat et que 10 minutes suffiront.

4. Les associations d'idées

Le gestionnaire rencontre un candidat qui lui rappelle un excellent employé. Le jugement du gestionnaire se fait en fonction de cette association.

5. L'habit ne fait pas le moine

Le gestionnaire juge le candidat sur son apparence et d'après son curriculum vitæ. Sa décision est donc prise en fonction des apparences.

6. Les impressions priment sur les faits

Le gestionnaire se fie à ses impressions, et non aux faits.

7. Le manque d'écoute

Le gestionnaire parle, mais il n'écoute pas assez pour réunir toute l'information dont il pourrait avoir besoin.

8. Des références non vérifiées

Le gestionnaire, satisfait de l'entrevue, décide d'engager immédiatement la personne sans faire de vérification auprès des personnes citées en référence.

Voilà ! Ce ne sont toutefois que quelques-unes des raisons pour lesquelles les gestionnaires prennent de mauvaises décisions et n'engagent pas les personnes adéquates.

83

Les 10 façons de découvrir les personnes compétentes

«Sans vision d'avenir, ce sont des mercenaires
que vous engagez. Grâce à une mission,
ils peuvent devenir des partenaires.»

Alain Samson

Trouver des personnes talentueuses est l'un des éléments les plus importants en gestion. Certains gestionnaires trouvent la perle rare par eux-mêmes alors que d'autres préfèrent confier cette responsabilité à des agences de placement et à des chasseurs de tête. Voici les façons les plus courantes et les plus efficaces de trouver la personne adéquate.

1. Au sein de l'entreprise

Avant de chercher quelqu'un à l'extérieur, permettez à vos employés de soumettre leur candidature.

2. Les anciens employés

Vous pourriez penser à recruter des personnes qui ont déjà travaillé pour votre entreprise et qui l'ont quittée pour d'autres raisons que les conflits de personnalité ou un problème de rendement, par exemple pour obtenir de l'avancement ailleurs. Ces personnes pourraient être plus efficaces qu'un étranger puisqu'elles connaissent votre entreprise.

3. Les références

Faites part de vos besoins à d'autres gestionnaires. Demandez à vos employés s'ils ne connaissent pas quelqu'un qui serait apte à occuper le poste offert.

4. Les collèges et les universités

Les institutions d'enseignement aux adultes, les collèges et les universités ont tous un centre de placement. Le personnel de ces centres serait heureux de vous présenter un de leurs diplômés et de vous fournir tous les renseignements dont vous avez besoin concernant les étudiants.

5. Les associations

Les membres de la plupart des professions (les ingénieurs, les travailleurs de la construction, les comptables, etc.) se regroupent dans une association. Communiquez avec ces associations et demandez-leur s'il n'y aurait pas des personnes aptes à occuper le poste offert. Le personnel vous aidera avec plaisir dans votre recherche.

6. Les centres d'emploi

Tous les centres d'emploi ont une banque de noms de personnes à la recherche d'un emploi. Faites-leur part de vos besoins.

7. Les concurrents

Vous pouvez trouver quelqu'un de talentueux chez vos concurrents. Bien que cette façon de faire puisse provoquer certaines réactions chez vos concurrents, c'est une bonne façon de recruter du personnel efficace. Si l'employé est heureux à son poste actuel, il n'acceptera pas votre offre.

8. Les personnes retraitées

Les personnes retraitées recherchent encore des défis. Vous pouvez bénéficier de leur grande expérience. Communiquez avec les associations de l'âge d'or.

9. Les annonces classées

Placer une annonce dans la section «Annonces classées» ou dans la section «Carrières et professions» d'un journal peut vous permettre de trouver la perle rare. Si vous décidez d'utiliser ce moyen, assurez-vous que votre annonce est précise, intéressante et claire. Votre annonce doit comporter un titre, présenter les exigences du poste ainsi que le salaire et les avantages sociaux que vous offrez. Si le poste doit être comblé dans les plus brefs délais, inscrivez le numéro de téléphone de l'entreprise ; sinon, l'adresse ou un numéro de boîte postale suffisent.

10. Les agences de placement

Les agences de placement se révèlent très utiles dans la recherche de personnes compétentes parce qu'elles font une évaluation des candidats. Ces agences s'assurent d'avoir la crème des candidats et offrent une garantie d'un an. Si vous n'êtes pas satisfait de la personne, elles se chargent de vous trouver un autre candidat. Malheureusement, leurs services coûtent cher.

Une autre solution consiste à faire appel aux services de consultants.

Quoi que vous décidiez pour trouver le candidat idéal, assurez-vous de choisir la façon la plus appropriée à votre entreprise.

L'évaluation et la sélection des curriculum vitæ

> «N'engagez pas des gens qui vous ressemblent et qui se comportent comme vous; votre équipe serait moins intéressante et moins efficace.»
>
> *Richard A. Moron*

À quand remonte votre dernière annonce de création d'un poste? Combien de curriculum vitæ avez-vous reçus? Il est fort probable que vous en ayez reçu plus d'une centaine! Les experts estiment à plus de 300 le nombre de curriculum vitæ que vous pourriez recevoir pour un poste nouvellement créé. Avez-vous rencontré tous les candidats? Sinon, qu'avez-vous fait? Parmi tous les curriculum vitæ reçus, un pourcentage assez important est envoyé par des personnes de différentes professions qui les acheminent partout en espérant obtenir un emploi à tout prix. Certaines personnes sont très qualifiées pour le poste, mais d'autres ne le sont pas. Vous devez bien évaluer les curriculum vitæ pour être en mesure de sélectionner les candidats adéquats. Voici quelques conseils.

1. Cherchez les curriculum vitæ accompagnés d'une lettre.

Ce type de curriculum vitæ montre un souci de personnalisation de la part du candidat.

2. Sélectionnez les curriculum vitæ présentant les qualifications exigées.

Mettez de côté tous les curriculum vitæ qui ne présentent pas l'expérience exigée pour le poste offert.

3. Rejetez le curriculum vitæ bâclé et plein de fautes de français.

Un curriculum vitæ maculé et bâclé montre que la personne n'est ni organisée ni soignée.

4. Remarquez le nombre de changements d'emploi.

Faites attention aux personnes qui occupent un poste une année au plus et qui passent continuellement d'une entreprise à une autre.

5. Remarquez les personnes qui changent souvent de carrière.

De l'ingénieur au serveur, en passant par le travailleur de la construction, etc. Cette personne ne sait pas vraiment ce qu'elle veut faire dans la vie.

6. Cherchez des réalisations spécifiques.

Si la personne est diplômée ou si elle porte un titre, essayez de vérifier les réalisations dont elle aurait été responsable.

7. Portez attention aux renseignements manquants.

Par exemple, les diplômés universitaires qui ne mentionnent pas l'année de l'obtention du diplôme ni le nom de l'université où ils l'ont obtenu.

Bien sûr, vous pourriez engager une personne qui change souvent d'emploi ou de carrière, qui envoie un curriculum vitæ manuscrit ou qui semble ne pas correspondre au candidat idéal, et en être satisfait. Ces renseignements visent seulement à vous aider à sélectionner des candidats.

85 La sélection des candidats

«Je ne juge pas par l'œil, mais par l'esprit,
ce qui représente la manière appropriée
de juger une personne.»

Sénèque

Recruter est un art qui doit être appris, compris, étudié, mis en pratique et maîtrisé. Le recrutement ne peut être défini par un simple mot ni par une simple phrase. C'est une démarche complète qui requiert des aptitudes mentales et professionnelles. Pour réussir comme gestionnaire, vous vous devez d'apprendre tout ce qui concerne les modalités de sélection des candidats et y exceller. Ces modalités comportent cinq étapes importantes : la planification, l'entrevue, la sélection, la vérification des références et l'engagement. Examinons de plus près comment tirer le maximum de chacune des cinq étapes.

1. La planification

Comme Euripide l'a écrit, «un début malheureux laisse présager une fin malheureuse». Commencez par une planification rigoureuse de chacune des étapes du procédé de sélection. Vous devez planifier l'entrevue, la sélection, la vérification des références et la prise de décision. Il est important de connaître la raison qui vous amène à engager un nouvel employé. Pour ne rien oublier, dressez une liste de tout ce que vous devez faire. Vous devez préciser les points suivants :

a) La définition du poste et les responsabilités.

b) Les exigences du poste.

c) La personnalité ou le caractère exigé pour le poste.

d) Les compétences, le degré de scolarité et l'expérience exigés pour le poste.

e) Le délai que vous avez pour engager la personne.

f) Le temps nécessaire pour faire l'entrevue.

g) Le lieu où se déroulera l'entrevue.

h) L'aide dont vous pouvez avoir besoin. Cette personne est-elle au courant du lieu et de l'heure de l'entrevue et de ce que vous attendez d'elle?

i) Préparez une liste des questions à poser; ainsi, vous n'aurez pas à chercher d'autres questions pendant que le candidat sera en train de parler.

j) Préparez une grille d'évaluation qui vous servira de guide à l'étape de la sélection, soit une fois l'entrevue terminée. Concevez une grille standard pour pouvoir comparer facilement tous les candidats entre eux. Par exemple, vous pourriez inscrire les éléments de comparaison suivants: la première impression, l'apparence, la poignée de main, la personnalité, l'ambition, les connaissances, les compétences, le degré de scolarité, l'expérience, etc.

À l'étape de la planification, revoyez tous les curriculum vitæ et soulignez les points qui nécessitent une explication. Lorsque vous êtes prêt et que vous avez terminé votre planification, passez à l'étape suivante.

2. L'entrevue

L'entrevue comporte quatre étapes.

a) Le début: avant de rencontrer le candidat, aménagez les lieux où doit se dérouler l'entrevue. Asseyez-vous en face ou à côté de la personne dans une chaise confortable. Vous pouvez aussi vous asseoir à votre bureau, ce qui vous donnera du pouvoir, mais qui aura pour effet de mettre une distance entre vous et le candidat. Lorsque le lieu de l'entrevue est bien aménagé et que vous êtes sûr d'avoir tout ce dont vous avez besoin pour l'entrevue, allez chercher le candidat dans la salle d'attente. Souriez chaleureusement, accueillez-le d'une franche poignée de main, en l'appelant par son nom, et remerciez-le de s'être déplacé pour vous rencontrer. Marchez à ses côtés pour lui montrer le chemin, puis présentez-le aux personnes participant à l'entrevue avec vous. Faites asseoir le candidat.

Certains gestionnaires souhaitent se donner un air sérieux, à tel point qu'ils ressemblent à Dracula! Selon eux, le stress ainsi obtenu les aidera à découvrir la vraie personnalité du candidat et à voir s'il gère bien ce stress. Malheureusement, c'est inutile, car l'entrevue en elle-même suscite un certain stress. En créant une situation stressante, le gestionnaire n'obtiendra pas toute l'information qu'il recherche et pourrait ainsi perdre un bon candidat. Mais qui voudrait travailler pour Dracula, le gestionnaire sorti tout droit de l'enfer d'un vendredi 13?

Le début de l'entrevue consiste à mettre le candidat à l'aise afin de diminuer le stress, de briser la glace et d'établir une communication harmonieuse. Par la suite, expliquez-lui le déroulement et la durée de l'entrevue. Vous pourriez par exemple lui dire: «Monsieur Lachance, j'aimerais vous connaître un peu mieux. Je vous expliquerai le fonctionnement de l'entreprise et nous discuterons du poste et de ses exigences. Si vous avez des questions, j'essayerai d'y répondre du mieux possible à la fin de l'entrevue. L'entrevue devrait durer environ une heure.» Soyez prêt, ayez vos papiers et votre crayon à portée de la main ou si quelqu'un participe à l'entrevue avec vous, demandez-lui de prendre des notes pendant que vous poserez les questions au candidat.

b) Fournir de l'information: il est très important de comprendre que vous ne devez pas parler tout le temps. N'essayez pas trop de vendre l'entreprise au candidat. Tout ce que vous devez faire, c'est lui brosser un tableau général de l'entreprise. Passez ensuite au poste et à ses exigences. Prévoyez une période de temps pour répondre aux questions et prendre des renseignements.

c) Récolter de l'information: reportez-vous au curriculum vitæ. Commencez par poser au candidat des questions sur lui-même, en utilisant des questions nécessitant des réponses à développement. Laissez-le parler; le candidat se sentira en confiance et sera plus ouvert lorsqu'il devra répondre aux questions plus complexes. Écoutez-le, ne l'interrompez pas, encouragez-le à parler, montrez-lui que vous êtes intéressé par ce qu'il dit, acquiescez par un signe de tête, continuez de sourire et ponctuez ses réponses par des expressions telles que «Excellent! C'est très bien. C'est vrai?» N'oubliez pas que vos réactions et vos expressions faciales peuvent faciliter l'entrevue ou la bloquer. Le candidat essaie de lire chacune de vos réactions comme vous essayez de lire les siennes. Lorsque vous lui posez une question, laissez-lui assez de temps pour réfléchir.

Pour découvrir ses aptitudes de leader, posez-lui les questions suivantes :

- Comment vous y prendriez-vous avec un employé qui arrive en retard?
- Que feriez-vous si un employé vous défiait en public?
- Quelle serait votre réaction si un employé demandait votre avis au sujet de ses problèmes personnels?
- Comment procéderiez-vous avec un client en colère?
- Quelle serait votre réaction face à des compressions budgétaires?

Pour découvrir la personnalité du candidat, posez-lui les questions suivantes :

- Quel est votre passe-temps préféré?
- Quel est le titre du dernier livre que vous avez lu?
- Décrivez-moi le meilleur patron pour lequel vous avez déjà travaillé.
- Décrivez-moi le pire patron pour lequel vous avez déjà travaillé.
- Que dirait votre patron s'il devait évaluer votre travail?
- Quelle est votre plus grande réussite et quel est votre échec le plus cuisant en affaires?
- Quelle note accorderiez-vous pour la façon dont s'est déroulée cette entrevue?

Lorsque vous posez des questions, affichez un comportement neutre, soyez calme et attentif à tout commentaire négatif que le candidat pourrait faire au sujet de son emploi précédent. Portez attention lorsqu'il ne peut pas expliquer un point de son curriculum vitæ, par exemple les écarts entre les dates.

d) La fin de l'entrevue : lorsque vous avez fini de poser vos questions et que vous avez obtenu toute l'information dont vous avez besoin, passez aux points suivants :

- Expliquez au candidat l'étape suivante.

- Dites-lui si vous devez le rencontrer de nouveau.

- Indiquez-lui quand la décision sera prise.

- Remerciez-le et reconduisez-le jusqu'à la porte.

À faire après l'entrevue :

Écrivez sur la grille d'évaluation standard vos impressions sur les premières minutes de la rencontre avec le candidat et sur l'entrevue. Prendre quelques minutes pour mettre vos pensées par écrit peut constituer votre meilleur atout durant le procédé de sélection. Si une autre personne dirigeait l'entrevue avec vous, demandez-lui ses impressions sur le candidat et donnez-lui une grille d'évaluation à remplir.

3. La sélection

Lorsqu'on lui demande comment il choisit ses employés, J. C. Penney répond : «J'invite la personne à déjeuner, les œufs étant au menu. Si la personne met du poivre et du sel sur ses œufs sans les avoir goûtés, je ne lui offre pas le poste, parce qu'elle a pris une décision sans posséder toute l'information nécessaire !» Peut-être M. Penney exagère-t-il, mais il soulève un point important. Sélectionner de bons candidats signifie non pas qu'ils sont engagés mais qu'ils ont les qualifications nécessaires pour se rendre à la deuxième entrevue. Cela semble étrange ? Je m'explique : engager une personne après une première rencontre, c'est comme acheter du poisson qui semble frais dans l'eau ! Même si elles sont importantes, les premières impressions peuvent induire en erreur.

Au moment de la première rencontre, vous pouvez trouver la personne fantastique, mais à la deuxième rencontre, elle peut vous sembler ordinaire et, à la troisième, ne plus convenir du tout pour le poste. C'est pourquoi il est important de rencontrer la personne plus d'une fois. La sélection consiste ainsi à choisir pour la deuxième entrevue les candidats qui possèdent les qualifications. Après cette deuxième entrevue, réduisez à deux ou trois le nombre de candidats qui passeront la troisième entrevue et parmi lesquels vous choisirez l'heureux élu.

C'est ce que Brian Tracy, auteur de *The Psychology of Achievement,* appelle la règle de trois. Une fois le procédé de sélection terminé et lorsqu'il ne vous reste que deux ou trois candidats en dernière entrevue, il est tout indiqué de faire participer l'équipe à cette étape afin qu'elle vous fasse part de ses impressions. Prenez la décision en équipe, puis passez à l'étape suivante.

4. La vérification des références

À ce sujet, Pavlov a déjà dit : «Apprenez, comparez, rassemblez les faits.» Malheureusement, la plupart des gestionnaires sautent l'étape de la vérification des références. Satisfaits d'une simple lettre de recommandation, les gestionnaires se demandent ensuite pourquoi la situation devient impossible! Vérifier les références est une étape très importante de la procédure de sélection. Avant de prendre la décision d'engager le candidat qui vous intéresse, vous devez obtenir tous les renseignements possibles sur lui, qu'ils soient positifs ou négatifs. Voici quelques suggestions de questions que vous pourriez poser aux personnes citées en référence.

- Est-ce que M. Lachance a travaillé pour vous ? Quand ?

- Pour quelle raison est-il parti ?

- Quelle a été votre réaction à son départ ?

- Quel poste occupait-il ? Quelles étaient ses responsabilités ?

- Quelles étaient ses forces et ses faiblesses ?

- Avait-il de mauvaises habitudes ? Avait-il des conflits de personnalité avec d'autres employés ?

- Quelle a été sa contribution à l'entreprise ? Quelles ont été ses réalisations ?

- Qu'est-ce que vous avez apprécié le plus chez lui ? Qu'est-ce que vous avez détesté le plus chez lui ?

Puis posez cette toute dernière question :

• Y a-t-il autre chose que je devrais savoir ?

En posant cette question, qui nécessite une réponse à développement, vous pourriez obtenir des renseignements importants sur le candidat. Notez bien qu'avant toute recherche de références, il est obligatoire de faire signer au candidat le *Formulaire d'autorisation de prise de références.*

Il est essentiel de vérifier les diplômes et les titres. Vous pouvez également vérifier le dossier de crédit du candidat en appelant simplement au bureau de crédit de votre région ou en communiquant directement avec la société de crédit pour obtenir des références.

5. L'engagement

Lorsque vous avez suivi les quatre étapes précédentes avec l'appui de votre équipe, posez-vous les questions suivantes :

• Cette personne est-elle celle qui convient le mieux pour ce poste ?

• Est-ce le type de personne qui restera au sein de l'entreprise pour les 15 prochaines années ?

• Si cette personne travaillait dans le domaine des ventes, est-ce que j'achèterais son produit ?

• Est-ce qu'elle cadre avec l'équipe ?

Si tous les faits et vos impressions vous confirment que c'est la personne adéquate, alors appelez-la personnellement et annoncez-lui la bonne nouvelle.

La procédure de recrutement

86 La période postrecrutement

«Le recrutement n'est pas la fin qui correspond
au commencement, mais plutôt le commencement
de la fin.»

Ibrahim Elfiky

élicitations! Vous avez franchi toutes les étapes. Vous avez travaillé très fort en vue d'engager le candidat qui conviendra le mieux au poste. Que se passe-t-il maintenant? La plupart des gestionnaires répondent: «Maintenant qu'il a été engagé, c'est à lui de faire ses preuves. Nous lui avons donné sa chance en lui offrant le poste, le reste dépend de lui maintenant.» Puis ces gestionnaires se demandent pourquoi le nouvel employé démissionne après quelques mois ou bien ils décident de le congédier peu de temps après! Vous avez peut-être excellé dans le recrutement d'un bon candidat, mais votre travail consiste maintenant à aider votre nouvel employé à s'intégrer dans l'entreprise. En fait, vous entrez dans une période que j'appelle «la phase postrecrutement». Cette phase comporte quatre étapes:

1. Les conditions de l'offre

Certains gestionnaires travaillent très fort pour recruter un bon candidat sans se renseigner sur ses attentes en ce qui a trait au salaire et aux avantages sociaux. Les gestionnaires perdent alors leur candidat au beau milieu de la phase postrecrutement! Après avoir travaillé si fort, c'est presque une honte que de perdre un candidat à cause d'offres salariales qui ne correspondaient pas à ses attentes. Il est essentiel de discuter des attentes du candidat en matière de salaire et d'avantages durant l'entrevue et de s'entendre sur ce point. De cette manière, vous n'aurez pas de surprises désagréables. Faites une offre par écrit en prenant soin d'inclure les points suivants:

a) Le mot de bienvenue

b) Le titre du poste

c) La date et le jour de son engagement

d) Le nom de son supérieur

e) Le salaire

f) La liste des avantages sociaux

g) Le nombre de jours de vacances

h) La période d'essai

i) Les signatures des deux parties

Il est primordial d'indiquer par écrit s'il y a une période d'essai et sa durée. Si le candidat accepte les conditions de l'offre, il ne lui reste qu'à signer le contrat. Donnez-lui une copie de celui-ci pour son dossier personnel. Puis, faites parvenir au service de la comptabilité une copie de la description du poste et du formulaire d'assurance.

2. La période d'adaptation

Dès la première journée de travail, commencez par présenter le nouvel employé à tous les membres de l'équipe. Puis faites-lui visiter l'entreprise ou confiez cette responsabilité à un membre de votre équipe. Donnez-lui des brochures sur l'entreprise ou toute autre source d'information qui lui permettra de mieux la connaître. La période d'adaptation varie d'une entreprise à l'autre. Dans certaines entreprises, la période d'adaptation est d'une semaine seulement et, dans d'autres, elle peut s'étaler sur une année. La période d'adaptation dépend de la vitesse avec laquelle le nouvel employé apprend les tâches liées au poste. Ne laissez pas l'employé voler de ses propres ailes tant que vous n'êtes pas certain qu'il peut le faire. Passez la première journée de travail avec lui ou confiez cette responsabilité à un employé expérimenté mais surtout de talent.

3. La formation et l'entraînement

La formation et l'entraînement doivent être continus et définis dès le départ. Former le nouvel employé dès le premier jour de son travail l'aidera à acquérir de l'assurance et à bien s'acquitter de ses tâches. Vous pouvez vous charger de la formation et de l'entraînement ou laisser cette responsabilité au superviseur du candidat ou à l'un des employés les plus anciens et les plus qualifiés.

4. L'évaluation

L'évaluation est un moment privilégié pour communiquer avec l'employé. Certaines entreprises font une évaluation de leurs nouveaux employés après seulement un mois, puis après trois mois, après six mois et finalement chaque année.

Personnellement, j'ai pris l'habitude d'évaluer mes nouveaux employés chaque jour! Peut-être direz-vous: «Quoi! Tous les jours... c'est stupide.» Vous croyez que je n'ai rien d'autre à faire? Un nouvel employé peut nuire énormément à l'entreprise s'il ne reçoit aucun commentaire ni avis sur son travail durant tout un mois. Vous devez rectifier rapidement les comportements non professionnels pour qu'il puisse se corriger, et ce, sur une base quotidienne. Ma stratégie consiste à suivre quotidiennement les progrès que fait le nouvel employé, à l'aider à changer ce qui doit l'être, à m'asseoir avec lui une fois par semaine pour une évaluation complète et à voir les corrections qui s'imposent. J'agis ainsi pendant trois mois, soit jusqu'à ce qu'il progresse, puis je ne le rencontre que toutes les deux semaines, puis une fois par mois seulement. Dans notre entreprise, tous les employés ont une évaluation écrite de leur superviseur, approuvée par le chef de service et finalement par moi-même. Peut-être trouvez-vous que j'exagère, mais le fait est que, si vous n'évaluez pas vos employés, vous pourriez en être réduit à les congédier et vous retrouver ainsi à la case départ. Vos employés sont des atouts. La meilleure façon de les comprendre et de connaître leurs besoins, c'est de communiquer régulièrement avec eux et de les aider à améliorer leur rendement. Le moment de l'évaluation est tout indiqué pour entretenir cette communication.

La phase postrecrutement permettra à l'employé de s'adapter plus rapidement à son nouveau milieu de travail. Son estime et sa confiance s'en trouveront améliorées, il lui sera facile de distinguer ce qu'il doit faire et ne pas faire. Finalement, l'entreprise et vous-même en bénéficierez grandement et l'employé se sentira chez lui.

La phase postrecrutement

Le recrutement du personnel : les 20 comportements à éviter

«Toute personne qui a réussi a connu des échecs, mais des échecs répétés ne conduisent pas nécessairement à la réussite.»

Anonyme

1. Ne commencez pas l'entrevue si vous n'êtes pas prêt.

2. Ne tolérez aucune interruption lorsque vous êtes en entrevue.

3. Ne jugez pas un candidat sur son apparence, cela peut être trompeur.

4. Ne portez aucun jugement au tout début de l'entrevue.

5. N'engagez pas une personne fantastique pour un emploi qui ne lui correspond pas.

6. Ne rejetez pas les curriculum vitæ manuscrits, donnez-leur une chance.

7. Ne soyez pas effrayé par les candidats au chômage.

8. Ne parlez pas trop, ce n'est pas vous qui passez l'entrevue.

9. Ne posez pas de questions qui poussent le candidat à se justifier : il se tiendra sur la défensive.

10. N'abordez pas de sujets délicats tels que le sexe, la race, la religion, etc.

11. Ne promettez rien.

12. Ne donnez pas de faux espoir.

13. Ne soyez pas trop impatient d'engager quelqu'un.

14. Ne précipitez pas la décision de l'engagement.

15. N'engagez personne sans avoir demandé un avis à votre équipe.

16. N'engagez personne sans avoir vérifié les références.

17. Ne dépassez pas le temps prévu pour l'entrevue sans d'abord demander son avis au candidat.

18. N'engagez pas quelqu'un en vous fiant seulement à votre intuition.

19. N'engagez pas quelqu'un en vous fiant seulement à des faits.

20. Ne prenez pas le risque de perdre un bon candidat à cause d'offres salariales trop basses.

88 Le congédiement : une réalité du monde du travail

«Ils le condamnent d'abord, puis ils lui donnent sa chance.»

Molière

Avez-vous congédié quelqu'un récemment? Si c'est le cas, comment vous êtes-vous senti? Vous savez, je n'ai jamais rencontré de gestionnaire qui m'ait répondu: «Oh oui, cela m'a fait grand bien!» En général, on me répond: «Je me suis senti coupable» ou «Je me suis senti mal à l'aise» ou «Ça a été difficile» ou «Je n'ai pas dormi de la nuit.» Certains gestionnaires vont même jusqu'à refuser de congédier quelqu'un et demandent à une autre personne de le faire à leur place! Peu importe votre capacité à le faire, se séparer d'un employé n'est jamais facile! Cela crée toujours un sentiment négatif au sein de l'équipe. Comme l'a si bien dit George Eliot: «Chaque départ est un peu comme une mort.» Mais quelquefois, il est nécessaire de se débarrasser d'une pomme pourrie pour ne pas gâter les autres. De fait, le congédiement est un aspect important des responsabilités d'un gestionnaire. Si ce dernier est incapable de l'accomplir, c'est qu'il ne devrait pas non plus faire de recrutement et n'aurait pas dû, en premier lieu, obtenir le poste de gestionnaire. Le congédiement est une compétence comme bien d'autres. Cela s'enseigne, s'apprend et se maîtrise pour être moins pénible.

Avant de prendre la décision de vous séparer d'un employé, posez-vous les questions suivantes:

- Y a-t-il d'autres choix?

- Puis-je lui permettre de garder son emploi en le transférant dans un autre service?

- Est-ce que je dois lui donner une autre chance?

- Est-ce que je l'ai aidé du mieux que j'ai pu?

- Est-ce que je l'ai bien formé?

- Est-ce que j'ai bien tous les faits en main?

- Est-ce que je précipite la prise de décision?

Si votre réponse est «Oui, il doit partir», alors posez-vous les questions:

- Quand dois-je le congédier?

- Est-ce que tout le dossier est prêt?

- Y a-t-il une autre personne pour le remplacer?

Soyez prêt. Planifiez pour réussir la phase du congédiement.

89 L'art de congédier

« Q uoi ? L'art de congédier ? Vous n'êtes pas sérieux ?» m'a dit Jacques, le directeur général d'un petit hôtel. «Croyez-vous que je vais perdre ne serait-ce qu'une minute de mon temps à me débarrasser du fruit pourri ?» Alors, je lui ai demandé : «Comment faites-vous d'ordinaire ?» Il m'a répondu : «Je fais venir la personne dans mon bureau et je lui dis qu'elle est renvoyée. C'est ma façon de faire, très expéditive. Je travaille seulement avec les meilleurs employés.» Puis je lui ai demandé : «Quel est le taux de rotation du personnel dans votre hôtel ?» «Je ne peux pas vous donner une réponse précise, mais il se situe à 55 % environ. C'est le taux moyen dans le domaine de l'hôtellerie.»

Ce directeur général ne connaissait pas le taux de rotation du personnel de son propre hôtel, mais il connaissait celui du domaine de l'hôtellerie. En fait, il voulait masquer le taux de rotation élevé de son hôtel en le justifiant par une comparaison avec celui du domaine de l'hôtellerie.

Congédier fait partie du travail du gestionnaire. Cela s'apprend et se maîtrise à l'instar de toutes les autres compétences. Voici les quatre principales étapes du processus de congédiement.

1. La réunion suivie d'une note de service

À cette étape, vous rencontrez l'employé dans votre bureau pour lui faire un rapport de son évaluation et de son rendement. Assurez-vous qu'il comprend très bien votre évaluation et permettez-lui de donner son point de vue. Puis établissez un plan d'action. Précisez ce que vous attendez de lui. Soyez direct et annoncez-lui les conséquences si son rendement ne s'améliore pas. Après la réunion, envoyez-lui une note de service. Suivez la situation de près sans toutefois le harceler. Montrez-lui que vous êtes là pour l'aider à réussir.

2. Un premier avertissement suivi d'une réunion

Si le rendement de l'employé ou son comportement ne s'améliorent pas, envoyez-lui une note sur son rendement, puis rencontrez-le dans votre bureau. Soyez plus directif et fixez-lui une date limite après laquelle vous n'accepterez plus son comportement.

3. Un deuxième avertissement et un délai de réflexion

Si l'employé persiste à ne pas s'amender, qu'il devient difficile, que son rendement ou son comportement ne s'améliorent pas, donnez-lui un deuxième et dernier avertissement. Rencontrez-le de nouveau, cette fois le jeudi. Dites-lui où il en est et offrez-lui de prendre congé le vendredi pour réfléchir. Avec ce processus, 90 % des gens me remettent leur démission le lundi. Seulement 10 % décident, après mûre réflexion, d'apporter des changements. Mais peu de temps après, les vieilles habitudes reprennent le dessus. Il faut alors les congédier.

4. Le dernier jour

C'est le jour où vous devez annoncer à l'employé son licenciement. Pour que la situation soit moins tendue, soyez parfaitement préparé.

a) Préparez le dossier complet de l'employé avec les évaluations et les avertissements qu'il a reçus.

b) Préparez sa dernière paie et toutes les sommes qui lui sont dues (paie de vacances, avantages sociaux et indemnité de cessation d'emploi). Bien sûr, ces montants dépendent de l'ancienneté de l'employé, de la politique de l'entreprise et des droits des employés.

Convoquez l'employé dans votre bureau, annoncez-lui rapidement mais avec délicatesse la nouvelle de son congédiement. Congédier quelqu'un n'est pas facile, alors ne perdez pas de temps à discuter de sujets non pertinents. Allez droit au but. Je vous suggère ceci : «Marc, je ne crois pas que vous soyez fait pour cet emploi. En vous laissant partir, je vous donne l'occasion d'en trouver un où vous pourrez mettre à profit votre talent.» Puis je lui dis : «Marc, voici votre salaire, votre paie de vacances et une indemnité de cessation d'emploi.» Je le regarde ensuite dans les yeux, je lui souhaite bonne chance et je le reconduis à la porte. Les gestionnaires devraient procéder de façon aussi rapide et directe.

Il existe une autre option. Avant de congédier quelqu'un, dites-lui ce que vous ressentez par rapport à la situation et demandez-lui de démissionner. Les gens ont l'impression de maîtriser la situation lorsqu'ils démissionnent d'eux-mêmes. S'ils démissionnent, donnez-leur une lettre de recommandation, mais soyez modéré dans vos propos.

Le congédiement en 4 étapes

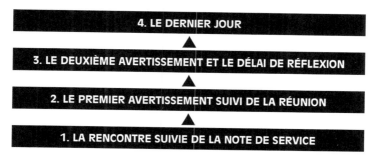

L'entrevue de la dernière chance : cette entrevue permet à l'employé de mettre toutes les chances de son côté. Au cours de cette entrevue, l'employé peut exprimer son point de vue sur la situation au président, au propriétaire ou à la haute direction de l'entreprise. Selon mon expérience, l'entrevue de la dernière chance est une bonne idée à plusieurs titres. Voici principalement pourquoi :

1. L'employé peut conserver son poste si le président-directeur général juge qu'une injustice a été commise à son égard.

2. Les gestionnaires peuvent tirer profit de cette situation et améliorer leur façon de faire afin d'éviter des problèmes.

Le congédiement : les 10 commandements

«Ne jamais congédier une personne sous l'influence de la colère. Je me suis rendu compte qu'en attendant 24 heures, même si j'étais toujours en colère, la prise de décision était plus nuancée et plus efficace.»

Frank Pacetta

VOICI LES 10 COMMANDEMENTS À SUIVRE LORSQUE VOUS CONGÉDIEZ QUELQU'UN :

1. Ne congédiez personne sans avoir son dossier en main.

2. Ne congédiez pas sans l'approbation de la direction.

3. Ne congédiez pas pour des raisons personnelles.

4. Ne critiquez pas.

5. Ne vous laissez pas diriger par vos émotions.

6. Ne prenez pas trop de temps pour le faire.

7. Ne parlez pas trop.

8. Ne précipitez pas le congédiement.

9. Ne tardez pas trop ; il se crée des liens entre les membres de l'équipe.

10. Ne gardez pas un employé négatif une fois qu'il a démissionné.

Une dernière réflexion: si un gestionnaire congédie un employé pour son piètre rendement, lequel des deux est le plus incompétent, l'employé ou le gestionnaire?

91 Votre patron vous a à l'œil : les signes qui ne trompent pas

«Travailler, c'est bien. Travailler bien, c'est mieux.»

Anonyme

1. Votre patron est très critique face à votre travail.

2. Vous recevez des notes concernant votre piètre rendement.

3. Votre patron ne demande plus votre collaboration pour des projets importants.

4. Vous ne recevez plus de commentaires positifs sur votre travail.

5. Les gens ne demandent plus votre opinion.

6. Vos collègues, qui ont les mêmes qualifications que vous, sont promus, mais pas vous.

7. Vous subissez des réductions salariales plus élevées que les autres.

8. Vous avez le salaire le plus élevé. Les employés les mieux payés sont les premiers congédiés.

Si vous n'avez perçu qu'un de ces signaux, c'est peut-être une fausse alarme. Mais si vous en percevez plus d'un, c'est que votre patron vous surveille. Soyez sur vos gardes. Trouvez-vous un autre emploi dans les plus brefs délais. Il vaut mieux démissionner qu'être renvoyé.

Vous connaissez maintenant l'essentiel de l'art de recruter et de congédier. N'oubliez pas qu'il vaut mieux prévenir que guérir. Avant d'engager qui que ce soit, prenez le temps de faire des recherches, demandez conseil à votre équipe, rassemblez les faits et fiez-vous à votre intuition. Lorsque vous décidez de congédier un employé, faites-le correctement.

Comme l'a souligné Benjamin Franklin, «la justice, c'est la vérité en action». Maîtrisez l'art de recruter, tout comme le médaillé olympique maîtrise sa discipline. Lisez plus de livres, écoutez plus de cassettes, participez à des ateliers, suivez des cours, donnez le meilleur de vous-même, car les ressources humaines sont votre plus grand atout. Engagez-vous, commencez dès maintenant sans vous arrêter. Je laisse à Francis Drobe le soin de conclure: «Toute grande chose a eu un commencement, mais la vraie réussite vient de la poursuite des objectifs jusqu'à leur réalisation ultime.»

◆

Maîtrisez l'art
de recruter
et de congédier!

◆

CONCLUSION
Vous êtes ce que vous croyez être !

«L'homme peut réaliser ce qu'il conçoit
et ce auquel il croit.»

Clement Store

« Je ne sais plus quoi faire», disait Jean à sa conjointe. «Je suis en train de tout perdre ; mon entreprise périclite, mes créanciers ne cessent de me poursuivre pour être remboursés. Qu'est-ce que je vais faire ?» Sa conjointe lui répondit : «Cesse de t'inquiéter. Les choses vont s'arranger. Va faire une promenade.»

Jean suivit le conseil de sa conjointe ; il fit une longue promenade et parvint à l'orée d'un bois. Fatigué, il s'assit pour réfléchir à son problème. Soudain, un vieil homme sortit d'entre les arbres, s'approcha de Jean et lui demanda : «Pourquoi es-tu si triste, jeune homme ?» Jean lui raconta son problème. En souriant, le vieil homme dit d'une voix douce : «Je crois pouvoir t'aider.» Il fit un chèque au nom de Jean, le lui donna en lui demandant de revenir à ce même endroit l'année suivante, à la même date, pour le rembourser.

Jean remercia le vieil homme et retourna chez lui. En regardant le chèque, il s'aperçut avec surprise qu'il était d'un montant de 500 000 $ et qu'il portait la signature de l'homme le plus riche du monde, John D. Rockefeller. Très heureux, Jean dit à sa conjointe : «Je vais rembourser tous mes créanciers et recommencer à zéro !» Puis, après un moment, il se ravisa : «Non, je vais conserver ce chèque et essayer de recouvrer mon entreprise par moi-même.» Il communiqua avec ses créanciers et prit des arrangements pour les rembourser par mensualités. Il travailla très fort, augmenta ses ventes et en moins d'un an, redressa son entreprise.

Une année s'était écoulée; il était temps de retourner voir M. Rockefeller. Jean se rendit au même endroit. Le vieil homme sortit du bois. Au moment où Jean allait lui raconter son histoire, il remarqua une femme vêtue de blanc. Elle prit la main du vieil homme, regarda Jean et lui dit: «J'espère qu'il ne vous a pas importuné. Je suis infirmière à la maison de retraite d'où ce vieil homme s'échappe de temps en temps en se faisant passer pour John D. Rockefeller.»

Comment Jean a-t-il pu réussir? Était-ce le faux chèque? Ou était-ce la certitude qu'il allait réussir? Jean a travaillé plus fort et de façon plus intelligente pour atteindre son objectif. Sa conviction l'a amené à persévérer, à s'engager totalement et à s'armer de patience. Sa conviction s'est transformée en réalité. Vous pouvez également réussir.

Vous pouvez réussir tout ce que vous entreprenez, et pas seulement en affaires, mais aussi dans les quatre facettes que je vous ai présentées: votre vie personnelle, professionnelle, financière, votre état de santé. Mais vous devez faire le tout premier pas: agir. Mettez en pratique les secrets que vous aurez appris dans ce livre, lisez-les et relisez-les. Que cette lecture devienne une habitude, une habitude qui vous mènera sur la voie de la réussite.

Les habitudes sont acquises et, de ce fait, peuvent être changées. Faites de la réussite une habitude de vie. Définissez-vous des objectifs, gérez votre temps et prenez de meilleures décisions. Devenez un leader et un chef d'équipe remarquable. Devenez le meilleur. Prenez plaisir à travailler et à utiliser à bon escient le pouvoir que vous procureront les 12 secrets du gestionnaire.

N'oubliez pas ce qu'a dit George Bernard Shaw: «Faites votre possible pour acquérir ce dont vous rêvez ou vous finirez par aimer ce que vous avez.» Quant à Pablo Picasso, il a proposé: «Donnez-moi un musée et je le remplirai.» N'attendez pas que les choses arrivent, provoquez-les. N'écoutez pas les commentaires négatifs des gens à propos de vos projets. Ce qu'ils pensent ou disent de vous n'est pas important. Ce qui importe, c'est ce que vous vous dites à vous-même.

Dans l'*Ancient Chinese Wisdom*, on peut lire : «Prenez soin des racines et les branches prendront soin d'elles-mêmes.» Alors, occupez-vous de vous-même et n'oubliez pas de rire souvent. Hérodote a d'ailleurs affirmé : «Un homme trop sérieux, qui ne rit pas et ne se détend jamais, devient fou ou instable sans même s'en rendre compte.»

Vous avez en votre possession 20 années d'études, de travail intense et de recherches. Profitez au maximum de ce savoir. Il vous aidera à gravir les échelons de la réussite.

Je vous souhaite le bonheur, la santé et le succès. Bonne chance !

LES 10 COMMANDEMENTS
DU BONHEUR
ET DE LA RÉUSSITE

- Croyez lorsque les autres doutent.
- Travaillez pendant que les autres rêvent.
- Écoutez lorsque les autres parlent.
- Félicitez lorsque les autres critiquent.
- Souriez pendant que les autres se plaignent.
- Construisez lorsque les autres détruisent.
- Oubliez lorsque les gens gardent rancune.
- Pardonnez quand les autres condamnent.
- Aimez même lorsque les autres ont du ressentiment.
- Et n'oubliez pas d'ajouter un peu d'humour
  et une bonne dose de patience.

Ibrahim Elfiky

Crédit et recouvrement au Québec
Manuel de référence pour les gestionnaires de crédit
Lilian Beaulieu

55,00 $
360 pages, 1992

Objectif qualité totale
Un processus d'amélioration continue
H. James Harrington

34,95 $
326 pages, 1992

Planification fiscale
Samson Bélair/Deloitte & Touche

19,95 $
288 pages, 1991

Comment acheter une entreprise
Jean H. Gagnon

24,95 $
232 pages, 1991

Faites dire OUI à votre banquier
Paul Dell'Aniello

24,95 $
250 pages, 1991

La Créativité
Une nouvelle façon d'entreprendre
Claude Cossette

24,95 $
200 pages, 1990

La Bourse
Investir avec succès
Gérard Bérubé

34,95 $
420 pages, 1990

Comment faire sa publicité soi-même (3e édition)
Claude Cossette

24,95 $
184 pages, 1989

Les pièges du franchisage
Comment les éviter
Me Jean H. Gagnon

24,95 $
182 pages, 1989

COLLECTION
ENTREPRENDRE

La Formation en entreprise
Un gage de performance
André Chamberland

21,95 $
152 pages, 1995

Profession : vendeur
Pour vendre plus... et mieux !
Jacques Lalande

19,95 $
140 pages, 1995

Virage local
Des initiatives pour relever le défi de l'emploi
Anne Fortin et Paul Prévost

24,95 $
275 pages, 1995

Des occasions d'affaires
101 idées pour entreprendre
Jean-Pierre Bégin et Danielle L'Heureux

19,95 $
184 pages, 1995

Comment gérer son fonds de roulement
Pour maximiser sa rentabilité
Régis Fortin

24,95 $
186 pages, 1995

Naviguer en affaires
La stratégie qui vous mènera à bon port !
Jacques P.M. Vallerand et Philip L. Grenon

24,95 $
208 pages, 1995

Des marchés à conquérir
Chine, Hong Kong, Taiwan et Singapour
Pierre R. Turcotte

29,95 $
300 pages, 1995

De l'idée à l'entreprise
La République du thé
Mel Ziegler, Patricia Ziegler et Bill Rosenzweig

29,95 $
364 pages, 1995

Entreprendre par le jeu
Un laboratoire pour l'entrepreneur en herbe
Pierre Corbeil

19,95 $
160 pages, 1995

Donnez du PEP à vos réunions
Pour une équipe performante
Rémy Gagné et Jean-Louis Langevin

19,95 $
128 pages, 1995

Marketing gagnant
Pour petit budget
Marc Chiasson

24,95 $
192 pages, 1995

Faites sonner la caisse !!!
Trucs et techniques pour la vente au détail
Alain Samson

24,95 $
216 pages, 1995

En affaires à la maison
Le patron, c'est vous !
Yvan Dubuc et Brigitte Van Coillie-Tremblay

26,95 $
344 pages, 1994

Le Marketing et la PME
L'option gagnante
Serge Carrier

29,95 $
346 pages, 1994

Développement économique
Clé de l'autonomie locale
Sous la direction de Marc-Urbain Proulx

29,95 $
368 pages, 1994

Mettre de l'ordre dans l'entreprise familiale
La relation famille et entreprise
Yvon G. Perreault

19,95 $
128 pages, 1994

Votre PME et le droit (2e édition)
Enr. ou inc., raison sociale, marque de commerce...
et le nouveau Code Civil
Michel A. Solis

19,95 $
136 pages, 1994

Pour des PME de classe mondiale
Recours à de nouvelles technologies
Sous la direction de Pierre-André Julien

29,95 $
256 pages, 1994

Famille en affaires
Pour en finir avec les chicanes
Alain Samson en collaboration avec Paul Dell'Aniello

24,95 $
192 pages, 1994

Comment trouver son idée d'entreprise (2e édition)
Découvrez les bons filons
Sylvie Laferté

19,95 $
160 pages, 1993

Profession : entrepreneur
Avez-vous le profil de l'emploi ?
Yvon Gasse et Aline D'Amours

19,95 $
140 pages, 1993

Entrepreneurship et développement local
Quand la population se prend en main
Paul Prévost

24,95 $
200 pages, 1993

L'Entreprise familiale (2e édition)
La relève, ça se prépare!
Yvon G. Perreault

24,95 $
292 pages, 1993

Le Crédit en entreprise
Pour une gestion efficace et dynamique
Pierre A. Douville

19,95 $
140 pages, 1993

La Passion du client
Viser l'excellence du service
Yvan Dubuc

19,95 $
210 pages, 1993

Entrepreneurship technologique
21 cas de PME à succès
Roger A. Blais et Jean-MarieToulouse

29,95 $
416 pages, 1992

Devenez entrepreneur (2e édition)
Pour un Québec plus entrepreneurial
Paul-A. Fortin

27,95 $
360 pages, 1992

Les Secrets de la croissance
4 défis pour l'entrepreneur
Sous la direction de Marcel Lafrance

19,95 $
272 pages, 1991

Correspondance d'affaires
Règles d'usage françaises et anglaises
et 85 lettres modèles
Brigitte Van Coillie-Tremblay, Micheline Bartlett
et Diane Forgues-Michaud

24,95 $
268 pages, 1991

Relancer son entreprise
Changer sans tout casser
Brigitte Van Coillie-Tremblay

24,95 $
162 pages, 1991

Autodiagnostic
Pierre Levasseur, Corinne Bruley et Jean Picard

16,95 $
146 pages, 1991